ていねいなまなざしで

おもしろい！　　不思議！　　すごい！

がみえる

乳幼児保育

井桁容子　著

フレーベル館

はじめに

「子どもは大人の親である」 ウィリアム・ワーズワス（イギリス：詩人）

　私には子どもについて言及したいくつかの印象的な言葉があります。まず、詩人であるワーズワスのこの言葉です。まさにその通り！　と感激してノートに書き留めておいた言葉です。文字通りに読めば一見矛盾しているおかしな表現に感じるかもしれませんが、長く保育実践をしてきた者としての「子どもは、大人を育ててくれる存在」「子どもに育ててもらった」という実感と一致するのです。ワーズワスは、自然を賛美した詩をたくさん書いています。また、我が子を幼くして亡くす経験もしているようです。私の勝手な想像でしかありませんが、もしかしたら、ワーズワスの目には子どもが自然そのもののように映っていて、これは子どもを愛でるまなざしやそのやり取りを通して得た感覚から出た言葉ではないかと思うのです。

　次に、レイチェル・カーソン氏（アメリカ：生物学者）の言葉です。その著書『センス・オブ・ワンダー』（神秘さや不思議さに目を見はる感性）の中で、「子どもたちの世界は、いつも生き生きとして新鮮で美しく、驚きと感激にみちあふれています。残念なことに、わたしたちの多くは大人になるまえに澄みきった洞察力や、美しいもの、畏敬すべきものへの直感力をにぶらせ、あるときはまったく失ってしまいます」と表現しています。生物学者として生命を細胞レベルまで深く理解すると、目には見えないものが生命にとっては大切であるとわかってくるのかもしれないと気付かされました。

　3つめは、日本の著名な生物学者であり作家でもある福岡伸一氏と対談の機会（2023年10月）をいただいた時の言葉です。「子どもの五感はすべて大人よりも優れています。大人は子どもに学ぶべき」と話されて、「やっぱり！」と、飛び上がりたくなるほどに感動しました。

　最後にYouTubeからの引用となりますが、書道家である武田双雲氏と成田悠輔氏（経済学者）のYouTubeでの対談の中で、武田氏が「いい作品を作るために、毎日同じこと

をしないように、小さな新しいことをするようにしている。そのためには、3歳くらいの子どもの感覚でいたい」というようなことを話すと、成田氏が「なるほど。確かに子どもは、今、ここに心を置くことの天才ですね」と話していて、驚きました。生物学者のレイチェル・カーソン氏や福岡氏の子どもへの理解はある意味では当然のことといえるかもしれませんが、詩人、書道家や経済学者の立場では、どのような経緯で的確に子どもの本質を理解したのか、また、どうして尊厳をもって見ることができるのだろうかと不思議でありつつ感動的でもあります。

　私は、ここに「感じる」「よく見る」ことがかかわっているのではないかと思うのです。

　さて、子どもにかかわる専門家である保育者はいかがでしょうか？
　特に、もの言えぬ時代の乳幼児期の育ちにかかわる専門家である保育者は、前述した人たちのような感覚をもって感じることを大切に、子どもをよく見て理解をしているでしょうか？　「集団生活だから」と全体のまとまりや、「できた」「できない」、あるいは時間の流ればかりに心を奪われて、言葉にならない子どもの表情や思いを感じ取る感覚を使い忘れていないでしょうか？
　個人差の大きな0・1・2歳児にかかわる保育者は特に、「感じる」「よく見る」を大切にしていれば、一人ひとりの違いは当たり前のように見えてくるはずです。そうすると「みんな同じにすることには無理がある」「みんな同じであることを求めることに意味がない」と気付くでしょう。そして、全体的な保育方法や実践マニュアルを考える前に、まずは子どもの仕草、行為、表情、声、言葉などのすべてを、一人ひとりの子どもの生命のささやきとして愛でるようなまなざしで、わかろうとしつつかかわりをもつことが、子どもの権利の意見表明権を満たすことにもつながると考えるようになるでしょう。

咄嗟の判断が求められることの多い保育実践は、保育者がそれまでに経験したこと、見たり、聞いたり、感じたりしたことが判断の基になり、行為やかかわりに表されるので、本心から思ったことでないと子どもや保護者に見抜かれてしまうものです。つまり、保育者自身の内側にある「愛でる思い」＝「温かいまなざし」が、咄嗟の判断に反映され、かかわりの質に影響してきます。

　そのような感覚をもってかかわっていく実践を通して、「ああ、子どもに大事なことを気付かされたなあ」「子どものほうが先に気付いていたのだな」「子どもが本当に求めていることとずれていたかもしれない」と具体的な場面や状況から感じ、よく見ることの大切さに気付く。よく見て感じて、もしくは、よく見ようと保育者が心がけることで、時に思い込んだり決めつけてかかわってしまったことを反省したり落ち込んだりもするものです。それこそが、保育の質が高まる時に大切な謙虚さをもつことにつながります。自分自身のまなざしの偏りや不完全さを素直に受け入れることで、子どもや保護者、同僚から学ぶ姿勢が引き出されて、お互いの信頼関係も深まっていくのです。

　さらには、「感じて」「よく見る」ことで、日常生活ではしていないことを保育の場では疑いもなくしてしまっているという、自身の「まじめさ」の中の「おかしさ」に気付いたり、目に見える成長を急ぐあまりに保育の醍醐味でもある「遊び心」と「おもしろさ」を失っていることを発見したりと、良い意味での緊張感や心のゆとりにもつながっていくのです。

　本書は、保育実践の写真をたくさん活用して『保育ナビ』に連載したものに加筆し、改めて0・1・2歳児保育の基本的な保育者のまなざしについて述べました。

　筆者の最初の単著である『「ていねいなまなざし」でみる乳幼児保育』（2005年5月、フレーベル館）も、保育記録として撮影したビデオを見返しているうちに、自分自身の

保育者としてのまなざしの危うさ、見落としの多いことに気付かされて深く反省したことにより世の中に生み出されたものでした。現在までに11刷となり、多くの養成校でテキストに使っていただいていると耳にします。保育者の「ていねいなまなざし」こそが保育の原点であることをたくさんの方に共感いただけていることをたいへんうれしく光栄なことと思っております。この拙著をまとめた時から20年。いまだに「保育者のまなざし」に拘っているのは、「子どもの見方が変わったら、子どもの味方になれた！」という実践者としての実感からくる確信があるからです。

　温かく丁寧なまなざしは、子どもに限らず大人に対しても「安心」をもたらします。「安心」している時に人は、自分のもつ力を最大限に発揮できるものです。大人であれば不安な時に、自分自身で安心できる方法を探したり求めたりして安心に近づくことができるでしょう。しかし、乳幼児期の子どもは、そうはいきません。泣いたり騒いだりして表現しても受け止められなければ、自分が置かれている状況を受け入れていくことしかできないのです。だからこそ、「ていねいなまなざし」を向けることが大切になるのです。どうか、本書がそのような立場にある子どもたちを1人でも救い、保育という営みをつらいと感じている保育者、子育てのおもしろさに気付けずに疲弊している保護者の「安心」を取り戻すための一助となりますようにと心から願っております。

　本書をまとめるにあたり、『保育ナビ』編集長の西川久美さん、月々遅れがちな原稿を申し訳なさそうに催促してくださっている担当の武田絵里子さんをはじめ長くご信頼くださっているフレーベル館の皆様に心よりお礼申し上げます。

2024年 10月　井桁容子

みんな違って当たり前の視

気づき

「花」と一口に言ってもたくさんの種類があるのと同じように「ヒト」も発育・発達、気質、特に乳幼児期はその個人差が目立ちます。ここに挙げた3人を参考に、個別的な配慮や

生活環境

哺乳

A児（0歳6か月）

第1子。両親共に常勤。初めての子育てに心配事が多い。周囲に子育てをフォローしてくれる親戚等がいない。マンション住まいで、泣き声など周囲への気兼ねがある。

（ 状況 ）

- 体が細身で小柄。
- 哺乳びんを嫌がり、手で払いのけたり舌で押し出したりして、ミルクをあまり飲まない。

（ 配慮・対応 ）

- 保護者と相談し、搾乳した母乳を預かる。
- 母乳との味の違い、園と家庭との環境の違いに気付いている繊細さを受け止める。
- 朝、家庭での哺乳量が十分な場合は、次の授乳間隔を4時間たっぷり空け、心地よい空腹から食欲を誘う。

B児（0歳6か月）

第3子。母親は時間に融通が利くパート勤務。兄2人が活発なタイプなので慣れているのか、いろいろな動きや音に影響されにくい。一方で、丁寧にかかわってもらえる時間が少ない。

（ 状況 ）

- 出生時体重が重く、現在の体重も標準以上。
- ミルクを吸う力が強く、5分以内でミルクを飲み終えてしまい不満そうに泣く。

（ 配慮・対応 ）

- 哺乳びんの乳首の穴をMサイズからSサイズにしてみると、授乳時間が12分程度になり、満足感がある様子。
- 動きが活発なので授乳間隔を4時間ごとから3時半間隔にし、空腹になりすぎないようにする。

C児（0歳6か月）

第2子。家は自営業で夜まで営業しているため、帰宅後は落ち着かない場所で過ごすこともあり、生活リズムが整いにくい状況。乳児湿疹がひどい。

（ 状況 ）

- 発育曲線は標準値。
- ミルクを飲む意欲は感じられるが、周囲の音や人の動きに気を取られやすく落ち着いて飲めない。

（ 配慮・対応 ）

- 授乳の場所を静かなところに変え、穏やかに歌を歌ったり、言葉をかけながら、集中して飲めるように工夫する。
- 遊んでいる時に、周囲の騒がしさに興奮しないように、少人数で過ごし穏やかな環境を心がける。

点からの保育

環境など一人ひとり異なっています。
かかわりの工夫の重要性を確認しましょう。

睡眠

（ 状況 ）
- 園では抱かれているうちに眠るが、ベッドに下ろすと目覚めてしまい、まとめて眠れない。家庭でも夜泣きが多く、まとまった時間は眠れていない。

（ 配慮・対応 ）
- 目覚めている時の不安には早めに対応し、安心できる環境づくりを工夫する。入眠を手伝う時の歌や抱き方などかかわりを儀式化して心地よさにつなげる。
- 疲れすぎないタイミングで入眠できるように配慮する。

（ 状況 ）
- 保育者がそばについていると、ベッドでまどろみながらしぜんに寝入る。周囲の声などで目覚めることもなく、一定時間まとめて眠る。

（ 配慮・対応 ）
- 授乳中に眠ってしまうこともあるので、排気*をさせてから入眠できるようにする。
- 睡眠中にミルクを戻してないか定期的に確認し、寝具、室温などにも注意を払う。
  *ゲップ

（ 状況 ）
- 朝の目覚めた時間から、3時間過ぎると眠そうにして不機嫌になるが、次第に興奮したように激しく泣き出し、なかなか入眠できない。
- 入眠して30分程度で泣いて目覚めることが多い。

（ 配慮・対応 ）
- 眠くなる時間より少し早めに静かな場所で徐々にクールダウンできるように、刺激から遠ざけるようにする。
- 眠りが浅くなる頃にそばについて、トントンすると再び深く眠る。

遊び

（ 状況 ）
- 騒がしい声や音に不安を感じて泣き出し、気に入っている玩具を手放す。
- 自ら動くことよりも周囲の様子を見ていることが多い。

（ 配慮・対応 ）
- 他児との距離を保ち、保育者が横について、安心して自分の遊びに集中できるように配慮する。
- じっと見ている時に、「おもしろいね」「きれいね」と言葉を添えながら一緒に過ごしていることの心地よさを伝える。

（ 状況 ）
- うつ伏せで遊んでいると腹部中心に回転したり、ずり這いで移動し、玩具に手を伸ばしつかむ。
- 他児のしていることを見て笑う。

（ 配慮・対応 ）
- 目標になりそうな位置に玩具を置くなどして動きを誘う。
- 1人遊びだけでなく、保育者と1対1の心地よいかかわりに配慮する。

（ 状況 ）
- 近くにいる他児の体や顔に手を伸ばす。
- 手にしたものを何でも口に持っていきしゃぶる。

（ 配慮・対応 ）
- 他児への興味が旺盛なので、相手に伸ばした手が危険につながらないように配慮する。
- しゃぶった玩具は他児と共有しないよう配慮し、すぐに洗えるように数をそろえて環境を整える。

Contents

Part 1 視点　こころの育ちとは

Part 2 視点　保育者の育ちとは

Part 3 実践 保育のきほんとは

この本の使い方

Part 1 こころの育ちとは・Part 2 保育者の育ちとは

A テーマについて
各テーマの考え方。しっかり理解を深めてエピソードに進みましょう。

B まなざし
エピソードと解説です。自分だったらどう対応をするか考えてみましょう。

C リーダー層の先生へ
園長、主任、学年リーダーなどリーダー層の先生の視点での配慮や見直す視点を解説しています。

Part 3
保育の
きほんとは

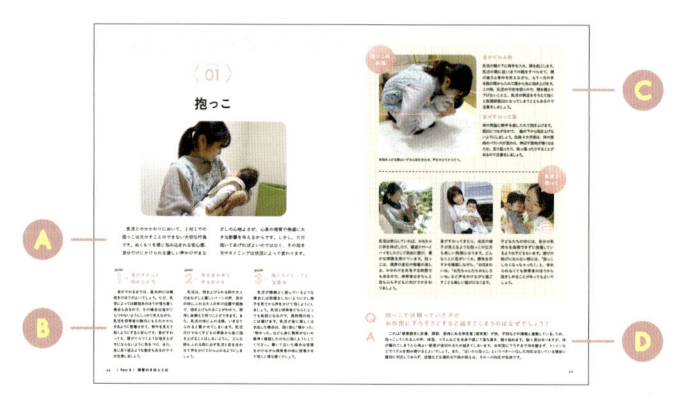

A テーマについて
各テーマの考え方、大切なこと。

B ポイント
各テーマについて考える時のポイントを3つ挙げています。

C 手順・留意点
各テーマについて、手順や留意点などを紹介しています。

D Q＆A
日常の疑問にお答えします。

一緒に使えます！
本書籍の内容をもっと深めたい人には研修にも使えるフレーベル館オンデマンドセミナーがおすすめです。（https://seminar.froebel-kan.co.jp/ondemand）
本書籍、動画と使えるワークシートは
『保育ナビ』公式サイトからダウンロードしてください。

Part 1

こころの育ちとは

　人がより良く生きていくためには、一人ひとりの心が良い状態であることが何よりも重要なことです。言葉を換えれば、安心と安全を実感してリラックスしている心の状態にあれば大丈夫といえます。

　ここでは子どもの「こころの育ち」について考えていきます。では、心が育つということはどのようなことでしょうか？　大人でも難しい課題かもしれませんね。ましてや自分自身の心の状態を言葉でうまく表すことができない乳幼児期の目には見えない「こころの育ち」をどのように確認し、応援すれば良いでしょうか。

　この章では、具体的な場面を通してそのポイントを解説していきます。

乳幼児保育の大切さ

体の発育・発達にともない心の発達もめざましい乳幼児にとって、家族と離れて集団で生活することを強いられる保育の場は、不安からのスタートであることは当然のことです。保育者は、園の生活スタイルや雰囲気に馴れさせることを意識しがちですが、まずは、一人ひとりの様子や状況、特性、に細やかなまなざしをもって応答的にかかわることを心がけ、安心して過ごすことのできる配慮と工夫が重要です。

保育者は "急がば回れ" を心がけ、子どもと保護者一人ひとりと丁寧に温かく心をつないでいくことを大切にして、信頼関係を築く土台づくりの保育をしていきましょう。その土台が「健やかにのびのびと育つ」ことを保障し、「身近な人と気持ちが通じ合う」安心感と心地よさが育まれていく対話的環境となって、「身近なものとかかわり感性が育つ」ことを支えていきます。

Y児（0歳7か月）が、ペットボトルで遊んでいると、近くで遊んでいたK児（0歳6か月）が腹部を中心にターンして体の向きを変えて、Y児の遊んでいるペットボトルに手を伸ばしました。ペットボトルが転がって手から遠ざかると、K児は、ペットボトルをつかもうと足の親指に力を入れて、初めて前へ少しずつ進んでいました。

乳児は、周囲にあるものや様子に気付いて目を向けることがよくあります。戸外の強い風や、保育室の近くにある低木に止まっている小鳥に気付いて、じっと見つめていたり。「おや、そんなことに気付いたのね」と驚かされます。この日は、Y児の遊んでいる音に気付いたK児です。どうなるかと見ていると、ペットボトルが転がり、それをなんとかつかみたいという気持ちから、結果的に前に進む方法にK児が気付いた瞬間でした。「すごいね、届いちゃったね」と、一緒に喜びました。また、遊んでいたところを邪魔された形になったY児には、「Yくんが使っていたのにびっくりしたね。Kちゃんもおもしろそうって思ったのね。Yくんはこっちでどうぞ」と、K児から少し離れたところにペットボトルをおいて、安心して遊べる場所を確保しました。

リーダー層の先生へ

0歳児室の音環境はどうでしょうか？　聴覚がすぐれている乳児にとって、音環境は心の安定に大きく作用し、遊びへの意欲や集中力、食欲や睡眠など生理的なことにも影響します。生活音が家庭とはまるで異なる園生活は、同じような発達段階にある乳児が、不安を刺激し合わないように小さなグループで活動を分けられるような工夫が必要です。乳児の喃語や遊んでいる音が心地よく響き、そこに共感的にかかわる穏やかな保育者の温かい声が聞こえてくるような環境にしましょう。

⟨ 02 ⟩

愛着関係

★

　集団的状況のなかで、子ども一人ひとりが安心して自己発揮できるための特定の保育者との愛着関係（アタッチメント）は、心の育ちに大変重要な意味をもちます。とりわけ不安、驚き、恐怖、悲しみ、痛さなど様々な感情の崩れに、保育者が共感性を働かせて、一貫性のある安心で包み込むことが大切です。

　安心とは、スキンシップ以上に「確実に守ってもらえる」「大切にしてもらえる」「愛してもらえる」という感覚と見通しが、子どもの心の根っこにしっかりと築かれることにあります。そのためには、子ども一人ひとりの状況に応じて丁寧にかかわりながら、受容し、支え、心の立て直しをしていくことが大切です。また、子どもの個性や気質、生育状況によって捉え方の差異がありますので、見落とし、過干渉、先回りをしたかかわりにならないような配慮も求められます。

★

登園時に、Ｔ児（１歳10か月）は、「ママがいいの」と母親にしがみついて、なかなか離れようとしない日が続いています。そのたびに母親も「お仕事に行かなくちゃならないの」と言い聞かせていますが、さらにしがみついてしまいます。最終的には、半ば強引に引き離さざるを得なくなり、大泣きになってしまいます。

このような状況は、自分のＴ児への対応に問題があったかな？　保護者も不安になるかな？　と、保育者としては緊張する瞬間です。「ママが大好きだものね」と、その気持ちにまずは共感しながら、できれば、納得してＴ児自ら保護者から離れてくれることを願います。遊びを誘いかけたりあれこれ言葉をかけ、それでも、状況が変わらない場合は、「お時間は大丈夫ですか？」と、出勤前で時間的余裕のない保護者に配慮しつつ、共感や対応の糸口をつかむためにその原因を探ります。体調や睡眠不足など生理的な理由や、家で叱られたり、家族のいざこざだったり、いつもと違った出来事があったか、だったり。この日は、Ｔ児は、睡眠不足のようでした。「もっと眠りたかったんだね。一緒にお布団でコロコロしようか？」と提案し手を差し伸べると、母親から離れる気持ちになってくれました。

リーダー層の先生へ

　子どもと保育者の愛着関係は、子どもが自由にのびのびと主体的に生活するために必要であり、特定の保育者にくっつくことを目的とするものではありません。子どもにとって保育者といれば「何があっても大丈夫」という心の安全基地のように感じられることが大切です。保育者の行為や働きかけ、言葉による発信が一方的になって、保育者の都合で無理やり子どもを動かそうとしたり、子どもが保育者の動きを注視する指示待ち状況になっていないか、俯瞰して見る必要があります。

〈 03 〉

心身の安定

　人は、心身が安定している時に最もその人のもつ力が発揮されます。発育・発達が未熟な乳幼児にとって、体の安定は心の安心・安定につながり、心の安心・安定は体の安定を支えるという車の両輪のようになっています。特に、言葉で自分の気持ちや状態を伝えることのできない０・１歳児の時期は、子ども一人ひとりの日々の健康状態、睡眠、食欲、体温、顔色などの様子を常にチェックして、小さな変化を見逃さ

ないことが基本となります。

　変化に気付くことは、いい状態を把握していないとできないことです。そのような保育者の細やかさや感度、専門性の高いまなざしが、子どもの心地よさを誘い、安心と信頼に包まれた心の状態につながっていきます。

　そして、どんな状態の自分でも受け入れてもらえるという経験が基本的信頼感につながり、意欲が育まれていくのです。

感情表現が豊かで動きも活発なY児（0歳11か月）。母親は、Y児にどうかかわっていいかわからず、いつも困っている様子です。休み明けの朝、保育室に入ってくると、真っ先に本棚の前に向かい次々と本棚から絵本を引っ張り出し始めました。すると母親は「だめよ！」と声をかけ、困ったように表情を曇らせました。

もしかしたらY児は、休み中に家でだめだめと言われることが多くて、発散のために絵本を散らかしたくなったのか、単に楽しかったのか、絵本を見ようとして結果的にそうなったのかは、少し様子を見てみないとわかりませんね。そこで、「お母さん、止めないで、少し様子を見ませんか？」と伝えて、Y児の動きを一緒に見ることにしました。

すると、少ししてY児の手が止まり、1冊の本を開いて見始めました。それは、最近Y児がお気に入りの絵本でした。「ほらね、ちゃんと目的があったみたいですよ」と母親に話すと、「ほんとだ！　子どもってすごいんですね！」と、感動してY児を見直したようです。だめな行為としてはなから否定していたら、Y児の気持ちはどうだったでしょうか。子どもの心身の安心・安定のためには、保護者の子ども理解の深まりが大事な要素になります。

リーダー層の先生へ

子どもの心身の安心・安定は、家庭生活との連続性の中にあります。感染症にかかりやすい梅雨の時期は、体調不良で休むことも少なくありません。その間、子どもが体の不快感で眠れなかったり不機嫌だったりして、親子で悶々として過ごすことがあります。休み明けは、「大変でしたね。お母さんの体調は大丈夫ですか？」と、保護者をねぎらう言葉を添えることも大切です。保護者の心のゆとりが、子どもの心身の安心・安定につながるからです。

⟨ *theme* 04 ⟩

興味の特性

　遊びに限らず、日々の生活全体の中で子ども一人ひとりが興味をもつものには違いがあります。その興味の違いから、その子どもの特性が見えてきます。言い換えれば、その子どもの「感性のアンテナ」の敏感な部分がわかれば、そこに共感することが安心や安定を支えるヒントになるということですし、反対に不安や不機嫌の原因を探るために役立つということでもあります。

　例えば、音に敏感に反応する子どもは、

心地よい音環境や遊びの設定で満足を得やすい傾向が見られ、騒がしい状況を避ければ、安定して過ごすことができるでしょう。

　子ども一人ひとりの特性を知ることは、子どもを理解するうえで大切なポイントとなります。そのため保育者には、画一的なかかわりや固定的な子どもへのまなざしではなく、子ども一人ひとりの特性を捉えるまなざしが重要です。

1歳児が保育室で思い思いに遊んでいる時のこと。S児とR児がランチルームにやってきました。食事には少しまだ早い時間でしたが、棚においてあるテーブルクロスを引っ張り出し始めました。その後、ランチョンマットの入っている箱も出してきてテーブルに並べています。

この場面で、「いたずらをしているから止めなければ！」という対応や、または「お手伝いのつもり？」と共感する対応もあるでしょう。しかし、そのどちらも、表面的な子どもの行為についてだけの判断や決めつけの可能性もあります。1・2歳の頃は、自分の興味・関心に素直に行動します。その行為の中に何か興味を引く理由があるはずです。声をかけずにその様子を見ていると、S児は、ランチョンマットの柄を1枚1枚見て選んでいるようでした。いろいろな端切れで作られているランチョンマットの裏表の柄が違っていることにも気付いていて、確認しています。R児は、四角い布をきれいに広げて並べることに興味があったようでした。大人にとっては生活用品にしか見えないものに、S児はアート感覚を刺激され、R児は図形への興味を満たすおもしろさを感じていたのです。

リーダー層の先生へ

　保育をスムーズに流そうとすると、保育者の意図に反する子どもの行為の意味を知ろうとする姿勢が弱まります。また、子どもの遊びの環境づくりも保育者の意図が先行したものになり、子どもと保育者の感覚のズレが起こり、不満に満ちた保育環境になります。子ども自ら始めた主体的な行為の中にある興味の特性を見つけることが、安心・安全で満足感を高め、けがやトラブルの減少になることを園全体で折にふれて確認しましょう。

感情表現

　喜怒哀楽の感情は、人として他者とつながりながら生きていくうえでとても重要です。換言すれば、おどけたり、笑ったり、時に本気で怒ったり、泣いたりと子どもたちの感情表現が豊かで、のびのびと意欲的に過ごせている園は、質の高い保育ができている証拠といえます。子どもが感性を豊かにはたらかせることができ、感情表現がありのままに受容されていたり、周囲に自分の思いを伝える機会が与えられたりして

いる。それが、他者の感情に気付き、やがて共感性や柔軟にかかわり合う力が育まれていくことにつながっていくからです。

　反対に、指示や命令が多く、否定的な言葉の多い保育環境では、子どもは自分の感情を表現する前に大人の顔色をうかがうことが増えます。そのように感情を抑え込まれた子どもは、コミュニケーション力や意欲が奪われ、衝動性が強まるので注意が必要です。

H児（1歳7か月）は、おとなしいタイプで、感情表現をあまりしません。激しく泣いたり騒いだりしていたり、活発に動き回る子どもがそばにいると不安そうに見ていることがよくあります。また、遊んでいる時に、他児に玩具を強引に取られるようなことがあっても、泣いたり、怒りを表現したりしません。

H児に「大丈夫よ、困った時は必ず助けるからね」という保育者の気持ちが伝わるように心がけて、そばにいるようにしました。そして、H児の遊んでいる玩具が他児に奪われそうな時には、「今、Hくんが使っているからね」と伝え、H児が安心して遊べるように守りました。また、動きが活発な子どもが近くにいて圧倒されそうな時は、少し距離がとれるように配慮しました。

すると、ある日、H児の遊んでいた玩具が他児に取られそうになった際、「だめ！」と手放さないように頑張って、自分の気持ちをストレートに表現しました。また、圧倒されていた他児の動きや表現も、距離をとって見られるようになると、怖がることではないとわかってきたのか、一緒に同じような動きをして遊んだりするようにもなり、次第に表情が豊かになってきました。

リーダー層の先生へ

保育者は、感情表現が目立つ子どもに目も手も奪われやすく、H児のように、周囲に圧倒されて自分の感情を抑えてしまい、不安や不満をため込んでしまう状況が続いていることを見逃しやすいものです。すると、思いがけないところで感情が崩れやすい、体調を崩す、登園を嫌がるなどのような形で表現されることがありますので、早めに対応することが大切です。保育者の子どもへのかかわりに偏りがないか、見落とされている子どもがいないかの確認をお願いします。

〈 06 〉

その子らしさの尊重

　その子らしさは母親の胎内からすでにあり、発育・発達は当然のことながら、安心すること、好みの味、好きな玩具や絵本が異なることを、全身で表しています。そのため、乳幼児の保育においては、集団として束ねようとする考え方ではなく、子ども一人ひとりの違いを認め、「最善の利益を優先する」姿勢で共感的にかかわり、安心で包み込む「その子らしさを尊重する保育」が重要なのです。それには、子どもの思いに気付くための、保育者の固定観念に捉われないしなやかなまなざしと感性が求められます。

　このような環境が保障されると、子どもが自分に誇りと自信をもてるようになります。

　そして、友だちと自分の違いを活かし合いながら尊敬や憧れでつながりを強め、自分にかかわる人々を信頼していきいきと成長していけるのです。

＊左：山本忠敬（1975）『はたらくじどうしゃ・2』福音館書店.

1歳児の食事中に誤って食器を床に落としてしまい、食器が割れてしまいました。割れたかけらを拾い、確認したのち、念のために保育者が掃除機を出してきて動かし始めると、K児（1歳11か月）がニコニコしながら近づいてきて、掃除機の上に乗ってしまいました。

K児の行為は、一見突拍子もないことで、多くの大人は状況を把握できない困った子どもと捉え、叱ることを選択するでしょう。しかし、K児は掃除機を、「乗り物にしたらおもしろい」と気付いたのかもしれないのです。これまでに同じような場面があっても、乗ってきたのはK児だけで、その発想のしなやかさと行動力に思わず笑ってしまいました。また、食器が割れて危険！　とい

う緊張した空気の中でも、好奇心が勝ることは1歳児らしくのびのびとしているとも思えます。しかし、このままでは困るので、発想はとてもいいけど状況に気付いてほしいという気持ちを、「おもしろいこと考えたね。でも今は、危ないから降りてください」とK児に話しました。すると、すんなりと納得して降りました。"わかっていたけどやってみたかった"といったところだったようです。

リーダー層の先生へ

　「その子らしさを尊重する」ことを、「わがままを許す」「自分本位に行動することを認める」ことになると捉える保育者が少なくありません。また、保育実践の中での子ども理解のための保育者間のすり合わせは難しい課題でもあります。しかし、子どもを真ん中にして考える社会になろうとしている今、どのようにしてその子らしさを尊重していくかは保育者の専門性が問われる重要なところです。経験年数を問わず具体的な保育を通して、確認し合えるよう習慣化することが必要です。

〈 07 〉

子どもの気持ちに共感する

　保育を進めていくうえで、「共感」がキーワードであることは保育者にとっては自明のことです。しかし、"共感ばかりしていたら子どもがわがままになってしまうのでは"と心配する声があちらこちらから聞こえてきます。共感は、子どもの言いなりになることではありません。また、「やりたくないのね」というように表面的に子どもの気持ちをわかった気になる「同感」とは異なります。その子どもの身になってみる

ということであり、その子どもにとってはどうかな？　と、子どもの気持ちをわかろうとし、かかわりを工夫することが重要だということです。

　『育ての心』で倉橋惣三は、共感的なかかわりができる保育者を「子どもにとってうれしい先生」と表現しています。「うれしい」は、子どもが決めることで保育者から押し付けることはできません。子どもへの共感は保育者としての基本的姿勢です。

*倉橋惣三（2008）『育ての心』,フレーベル館.

健康診断が保育室で行われた時のことです。白衣を着た嘱託医が保育室内に入ってくると、1・2歳児の多くが緊張した表情になり、健診を嫌がって保育室の隅のほうに遠ざかりました。なかでもK児（3歳）は、担任の保育者にしがみついて大泣きです。その様子を見て、さらに子どもたちの表情が硬くなり、だれも用意した椅子に座ろうとしません。

診察や治療で怖い思いをした経験があると、健診を嫌がることは少なくありません。そこで白衣を脱いでもらうのはどうかと嘱託医に相談してみました。すると、「白衣を着た人は優しい人だという印象をもってもらいたいので、あえて白衣のままで健診をしましょう」とのご意見をいただきました。そして、「これ（舌圧子）が嫌な人は使いません。大きな口を開けてくれれば大丈夫」と嘱託医は子どもたちに向かって話しました。すると、大泣きしていたK児がいちばんに椅子に座ったのです。実は1年前に開腹手術をしたK児のお腹に残った跡を見た保育者に「頑張ったマークすごいね」と言われて勇気が出たのでした。すると、ほかの子どもたちが「Kくんに抱っこしてもらったらする！」と言い出して、みんなは勇気あるK児に抱っこしてもらって健診を受けることができました。

リーダー層の先生へ

　K児のようにつらい経験をした子どもでも、無理強いされずに保育者に共感されることで、怖いと思っていたことに積極的に向かおうとする気持ちになれるものです。また、そのことを周囲の子どもたちが見ているということも忘れないようにしたいものです。
　そのためには、日常的に保育者が子どもへの共感から得られた感動や気づきを、園内で共有する保育者同士のコミュニケーションが重要です。そうすれば、どの保育者もしぜんに温かいかかわりができるようになっていき、子どもたち全体の育ちにつながっていきます。

〈 08 〉

主体的に遊ぶ

　人の赤ちゃんは、胎児の時に指しゃぶりをしたり、自分の体を触ったりして遊んでいます。また、生後3か月頃には、自分の手を見ながら「あう〜」と声を出して遊んでいることもあります。このように、ヒトは乳児期から主体的に遊ぶ存在であることを保育者は認識しつつ、一人ひとりの発達や特性に応じた保育環境を整えていくことが大切です。

　また、乳幼児期は安心できる人とのかかわりを通して、周囲への興味・関心が主体的な遊びと学びに広がるため、日々の保育者のかかわり（言葉のかけ方・声の調子・姿勢・子どもとの位置関係など）への配慮や意識が大きく影響します。「遊んであげなければ」ではなく「どんなことに興味・関心があるのかな？」という一人ひとりへのまなざしから、子どもが主体的に遊ぶことができるような適切な環境や配慮が見えてくるのです。

1歳を迎えた子どもが多くなってきた0歳児室。歩行が安定してきて、体を使った活発な遊びも好んでするようになってきました。ある日、S児が初めて段差を自分でよじ登ろうとチャレンジし始めました。すると、周囲にいた子どもたちもその様子に興味を示して見つめているうちに、同じように登ろうとする子どもがでてきました。

乳児保育の場では、段差に限らず、子どもが身近にあるものへ初めてチャレンジする姿によく出合います。うつ伏せで遊んでいて、前にある玩具にふれたくて初めて足の指で床を蹴って前に進んだりとか、いつの間にか一人立ちしていてびっくりさせられたりとか。これらも自分の体を使った主体的な遊びといえます。S児のように、いつも身近にあった段差を、今日は自分で登ってみようと思えたその気持ちが不思議であり、すてきだと思います。それを尊重し、気付かないふりをしながら、どんなふうに登るつもりかな？　うまくいかない時はどうするのかな？　と、注意深く見ていると、S児は上手に自分の体を使って登っていきました。同じように登ろうとしたR児は、体が小さめで足が上がらずうまくいきません。さりげなくおしりを上向きに持ち上げて援助すると、あとは自分で登ることができました。

リーダー層の先生へ

　「主体的に遊ぶ」ということを、保育の中で設定した遊びの場面の一部分で、子どもが保育者の意図を汲み取って、指示しなくても遊べることだと捉えている保育者はいないでしょうか？　乳幼児にとっては、生活のすべてが遊びであり学びといえます。ですから、保育者は、食事の場面でも、おむつ交換の場面でも、着替えの場面でも、子ども自ら気付いてやってみようとすること、知ろうとしてかかわることの中に、主体的な遊びがあると捉えることが大切です。

〈 09 〉

安心・安全な環境づくり

　環境づくりでは、人的・物的環境がより豊かに工夫される中で、一人ひとりの子どもが安心して安全に過ごすことができるような配慮が望まれます。安全に過ごすとは、けがをしないことは当然ながら、不快・不安・不満など目には見えないことへの丁寧な配慮によって子どもの心の安心・安全を担保することが重要です。保育者のかかわりが、過干渉もしくは、放任になれば心の安全が損なわれ、けがや事故につながる可能性が高まります。一方で、子ども自身が、ありのままに受け入れられていると感じ、安心できる保育者のかかわりや配慮があることで、他者への信頼感が育まれていき、安全性が高まります。

　また、物的環境は、保育者の子ども理解や共感性によって工夫が生まれ進化していくので、人的環境が土台になっているといえます。保育者自身の座る位置や姿勢も環境の一部として意識することが重要です。

Ａ児（2歳10か月）が、ままごとコーナーから少し離れたところにあるテーブルまで、せっせとカップやお皿を運んでいます。運ばれた器の中には、食べ物のカードやチェーンが入っているので、お料理を並べているようです。そのうちに、スカーフの入ったカゴや、近くにあった本棚の絵本がどんどんテーブルに重ねられていきました。

皆さんの園の保育室には、絵本が配置され、数やテーマが十分に用意されていますか？　Ａ児のように、絵本を遊び道具にしてしまうからと手の届かないところで保育者が管理し、読むものも保育者が決めるという状況になっていませんか？　私は、0歳児でも好みの絵本を自分で選んで手にすることができる環境が望ましいと考えます。

目の前にその物がなければやらないが、あったらやってしまうという人と、目の前にあっても状況判断をして、やるべきではないと判断したらやらない人だったら、どちらが信頼されるでしょうか？

Ａ児の行為は、絵本をごちそうの1つに見立てて使っていますので、絵本本来の使い方にはなっていません。しかし、丁寧に扱われています。「おいしそうなごちそうがいっぱい並んだね」と楽しさに共感しつつ、「読みたい人もいるので、これはどうでしょう」と、ままごとの素材になるほかのものを提案しました。

リーダー層の先生へ

保育室の環境設定は、そのクラスの保育者の子ども観や保育観が表現されているともいえます。子どもの気持ちを尊重し、応答的にかかわる保育者が考える保育環境は、生活空間、玩具の配置、心が安らぐ空間づくりなどに表れます。反対に、心にゆとりがなく、子どもとの関係がうまくいっていない場合は、保育室も荒れ気味です。しかし、そのことを直接的に指摘するよりは、保育者の心情への共感を心がけながら、子ども理解や気づきにつながる助言をしていくことが大切です。

theme
〈 10 〉

好奇心豊かな遊びの発展

　乳幼児の五感は、大人よりも優れています。生活の中で大人が気付かないこと、見落としてしまうような些細な変化にも子どもたちは気付いているのです。子どもがそれを確かめようとしたり、働きかけたらどうなるかを知りたくなり、ワクワクしながら行動したりした時、大人にどのようにかかわられたか、どんな言葉をかけられたかが、学ぶ意欲、かかわる意欲に影響します。また、子どもの好奇心は、保育環境（遊びの素材の数量や配置などの物的環境、心の安心・安全につながる環境）によって広がったりしぼんでしまったりします。さらに、指示が多く過干渉の保育者主導の保育は、好奇心からつながり深まる遊びや子ども同士のかかわりを狭めてしまうので注意が必要です。

　保育者は、危険をともなう行為でない限り、まずは子どもが何をしようとしているのかと好奇心に満ちたまなざしを向けることが大切です。

普段から、Ｔ児（３歳１か月）は言葉の発達が遅く、動きが大胆で力強いために、他児とのトラブルになりやすくヒヤヒヤさせられることがよくあります。真冬の気温の低い午前中に、２歳児が園庭で遊んでいた時のこと。園庭の砂場近くにある水道に、保育者が水まきのためのホースを取り付けておいたところ、Ｔ児がホースから水を出して砂遊びに使い始めました。

言葉の発達が遅いＴ児は、行動で自分の気持ちを示すことが多く、他児が楽しんでいる遊びを壊してしまい、トラブルになりがちです。しかし、この日は一人遊びを黙々と、しかも水が自分の体にかからないように注意深くホースを扱っていたので、様子を見ることにしました。すると、水を一旦止めて、砂を入れた容器を２つ重ねた上にホースを載せ、その上からシャベルで砂をかけて、容器もホースも見えなくしました。実は、蛇口をひねって水を出すと、大きな砂山から水が突然吹き出すという装置を考えてやってみていたのです。砂山が水で崩れてしまうと、また水を止め、砂をかけ直し……と、同じ作業をくり返していたので、意図をもって遊んでいたことがわかりました。「すごーい！　もう１回見たい！」という私のリクエストにニコニコしながら応じてくれたＴ児です。

リーダー層の先生へ

　トラブルを起こしやすい子どもの行為には、必ず子ども自身にも困っている原因があります。問題児扱いをする前に、子どもの行動を継続的に見ていくなかで、理解を深めていきましょう。また、今回の場合でいうと、冬に水遊びはいけないというルールで抑え込むのではなく、寒い時期でも、濡れない工夫ができていたので、「好奇心旺盛で状況判断ができる」という能力となります。保育者が子どもの行為に対して柔軟にかかわることで、子どもの好奇心を知的学びにつなげることができるのです。

他者の気持ちに気付く
共感的かかわり

　「みんな仲良く」ということを保育の目標に掲げがちですが、仲良くすることが前提では、本当の意味のコミュニケーション力は育っていきません。

　乳幼児期は、まず表現した自分の気持ちを身近な大人に受け止めてもらい、共感されることで、安心・安定した心の状態となり、他者の気持ちに気付くことができるのです。「どうしてしたの？」と、子どもの行為の意味を知ろうとする保育者の姿勢や言葉によって、「○○だったのね」と共感的なかかわりをされた子どもは、同じように友だちの行為を知ろうとしたり、自分の状況や意思を伝えることができるようになるのです。また、言葉でのコミュニケーションがまだ十分にできないこの時期は、保育者がそれぞれの気持ちを代弁することで、相手の立場に気付き、理解が深まっていきます。表面的な解決にならないように注意が必要です。

園庭から激しい泣き声が。行ってみると、Y児（3歳4か月）とT児（3歳6か月）が、運搬車の取り合いをしていました。担任保育者の説明によると、「T児が使っていた運搬車の荷台に、Y児が持っていた車を載せたので、T児が怒ってその車を荷台から出して投げた。そのことに腹を立てたY児が運搬車を取ろうとし始めた」ということでした。

このトラブルでは、双方の気質や納得できない感情があって2人がぶつかり合っています。善悪で判断するものではなく、「ごめんね」「いいよ」という単純な解決もできないと判断しました。そこで、取り合っている2人に向かって言いました。「1つのものを取り合っているから、もしかしたら明日の朝までかかるかもしれないので、決着がつくまで私がお付き合いします。けがをしないようにどうぞ続けてください」と。

すると、取り合いをしながらY児が「だれか、けんか止めて！」と言ったのです。「止めません。どうぞ続けて」と私が言うと、Y児が力ずくで車を奪い、庭の隅に逃げました。それを近くで見ていたM児（2歳1か月）に「Tくんのが欲しくなっちゃったの？」と言われ、下を向くY児。すると、T児のところに返しに行き、その後2人は肩を組んでうれしそうに「容子先生なんてやだもんね〜」と言ったのでした。

リーダー層の先生へ

コミュニケーション力は、単純な言葉のやり取りを身につけることで育まれるものではありません。目に見えない人の心を推し量り、自分自身の気持ちとも向き合いながら状況判断するような、複雑な社会性を身につけることが必要なのです。ことに乳幼児期は、様々なトラブルを経験しながらそのことを学んでいる時期です。保育者が解決を急いだ対応になっていないか、子どもの気持ちは表現し合えているかを確認しつつ、意見交換の場を設けて共に考えていきましょう。

対話的なかかわりが育む
コミュニケーション力

　人の心は複雑なので、その複雑な心をもつ者同士がかかわり合うことは、簡単にはいきません。相手に「貸して」や「ごめんね」が言えるように、というようなワンパターンの言葉や行為を子どもたちに身につけさせるだけでは豊かなかかわりにはならず、むしろコミュニケーション力は乏しいといえるでしょう。友だちの遊びや行為に興味をもって、模倣したり、その楽しさを共感し合うことで心がつながった喜びを知ること、反対に友だちとトラブルになることなど、思い通りにならないことを通して、少しずつ成長し合うといったことが重要なのです。

　また、コミュニケーションには他者を見ること、知ろうとすることなど、対話的なかかわりが必要になってきます。そのため、保育者が対話的かかわりをすることで、子どもたちのコミュニケーション能力が育まれます。

砂場に渡した板の上に、活発でバランス感覚が良いK児（3歳9か月）と慎重であまり体を使った遊びを好まないS児（3歳8か月）が乗っていました。K児が、板の上で動いてユサユサと板を揺らすと、S児が笑いながらも「やめて！やめて！」と言い出しました。K児は、笑いながら板を揺らし続けるので、S児の表情が次第に緊張してきました。

バランス感覚の良い活発なK児にとってはおもしろいことでも、S児にとっては怖いことのようです。すぐにS児のもとに行き、両手をつないだ後、K児に「Sちゃんは揺れるのが怖いみたいよ。Sちゃん、これなら怖くないんじゃない？」と伝えました。そして、S児に「Kちゃんは、ユサユサが楽しいから一緒にやりたかったみたいだね」と言うと、両手を支えられ、安心し余裕が生まれたS児は、「ユサユサ、楽しい〜。Kちゃんもっとやって！」と言いました。K児の「自分の楽しいと感じていることをS児と共有したかった」ということをS児に伝えつつ、S児の安心する手助けをすることで、S児は相手の行為に悪意がないことを理解し、経験の幅を広げることができました。

身体感覚が異なる子ども同士が、保育者のポジティブな言葉や解説、代弁によって相互理解を深め、かかわり合いを豊かにしていきます。

リーダー層の先生へ

　豊かなコミュニケーション力を育むとは、人との豊かなかかわりの経験を保障することともいえます。安定的な保育を目指すことが、大人の意図が先行したパターン化、マニュアル化された保育になっていないか確認してください。人との関係性は、複雑なかかわり合いの中で育まれ、しなやかに対応できる人になります。表面的に仲良しな様子やパターン化された言葉のやり取りでは育っていきません。子ども同士のかかわり、保育者のあり方が対話的であるように配慮していきましょう。

Part 2

保育者の育ちとは

　あなたは、子どもより大人である自分のほうがなんでも優れていると思いますか？　保育者は、"子どもの育ちを応援する専門家"といえますが、子どもよりも優れているとはいえません。そのことを意識しながら進めていく保育実践を通して、保育者自身の専門家としての成長も同時に起こっていくのです。

　勘違いや、決めつけてしまったことを反省したり、見落としていたことにヒヤリとしたりという経験の中で、自分自身が完璧ではないという謙虚さが生まれ、子どもの行為を理解しようとしてよく見ることにつながっていきます。

　この章では、子どもや保護者との日々のかかわりの中で保育者自身も共に育つ人的・物的環境について考えます。

子どもを見るまなざし
①保育マインド

　乳幼児にかかわる保育者においては、科学的根拠をもって子ども理解ができる専門性を土台とした、子ども一人ひとりの多様な発達過程や特性に向ける温かいまなざしが何よりも大切です。そのまなざしによって、子どもの言葉にならない思いや心身の状況に応じた、柔軟性のある受容的・応答的な対応ができるからです。

　保育者は、いかに早く集団生活に子どもを馴れさせるかと努力しがちですが、それよりも一人ひとりの子どもが安心するための配慮や工夫が重要です。温かで細やかなまなざしで子どもの小さな変化を見逃さず対応することによって、「ここは安心できるところ」と子どもが感じ取ることができれば、のびのびと遊びに集中できます。それが、その後の心地よい空腹感と満足感、心地よい疲労感と睡眠へとつながっていくのです。そして、そのような子どもの様子から、保護者が安心することで園を信頼し、保育者や子どもと共に育ち合う関係性のスタートラインに立つことができるのです。

　1歳3か月で入園してきたH児は、初日は母親がいたこともあってか、保育室にあるいろいろなものに興味を示し活発に動き、楽しそうに午前中を過ごして帰りました。これならば、母親がいなくても大丈夫ではないかと判断し、翌日は母親なしで過ごすことにしました。すると、数分は前日と同じように機嫌よく過ごしていましたが、急に激しく泣き出しました。あまりにも大きな声で激しく泣くので、周辺にいる子どもたちも不安になってしまい、つられて泣き出す子どももいました。H児の気持ちを落ち着かせようと一緒に園庭に出てみましたが……。

　H児を抱っこして一緒に園庭に出てみましたが、H児は体を激しく動かしながら泣き続けて周囲を見ようとしません。しゃがみ込んで「ほら、見て。かわいいお花ね」と言ってみると、ほんの一瞬泣き止みましたが、「そんな手には乗らない！」とばかりに再び怒ったように激しく泣き出しました。

　「なるほど、そのタイプですね」とH児のこれからの対応について判断できました。それは、子どもに限らず大人の中にも見られることです。気に入らないことや納得できないことがあった時に、怒りの感情のほうが優勢になって、情報をシャットアウトしてしまうタイプです。中には、同じように庭に出た時に、好奇心のほうが勝って思わず「おやっ？」と気を取られるうちに周辺を見回す余裕が生まれ、おもしろさに気付いて安定するタイプの人もいます。このタイプは、心地よい環境であれば早めに受け入れていきますが、H児はそのタイプではなく感情優先型なので、嫌がることはすぐにやめて、時間をかけて根気よく、安心できると本人が思えるまでお付き合いしていく必要があると判断しました。

リーダー層の先生へ

　子ども一人ひとりの特性があるように、保育者の人柄も同様です。子どもや保護者とのかかわりのちょっとしたことで自信がなくなってしまう保育者や、関係性がうまくいっていないことに気付かない振りをしながら、頑張りすぎてしまう保育者もいるでしょう。リーダー層の方は、さりげなくカバーしたり、保育終了後に「困っていることはないですか？」と声をかける配慮をして、保育者全体でカバーしているという安心感が伝わるよう心がけていきましょう。

子どもを見るまなざし
②子どもに学ぶ・共育ち

　年齢の大きい子どもは、小さい子どもに優しく対応してほしいと願う保育者が多いと思います。しかし、大きいほうの子どもに、遊びの見通しやこだわりがあった場合、それを一方的に譲らなければならないことはつらいことです。そのような経験は、優しさとは反対に、小さい子どもを受け入れがたいという感情を育ててしまうことがあります。例えば、異年齢の子ども同士がかかわり合う場面をどのように捉えますか？この写真は、A児（3歳2か月）が型抜きをしてケーキ作りをしていたところにB児（0歳11か月）が近づいてきた場面です。この場合は、保育者がA児のしていることを尊重し、B児に「すてきなものができるんだって。ちょっと見ていようね」と様子を見るように声をかけました。するとA児は、別のお皿に型抜きをして、「これは壊してもいいよ」とB児に差し出したのです。保育者が、A児の遊びへの思いを尊重したことで、A児がB児の思いを尊重する姿勢へとつながったのです。

M児（2歳1か月）が自分で着替えようとしていました。しかし、トレーナーの襟首が伸びず、なかなか頭が通りません。M児は「あーん」と声をあげながら困っている様子です。そばで遊んでいたU児（2歳10か月）が、そのことに気付いたのですが……。

U児はM児が困っていることに気付き、M児の着替えを手伝ってくれました。そのおかげで、無事M児は着替えを終え、2人でうれしそうに笑い合っていました。

だれにも頼らずに、自分で身の回りのことをできるようになることが自立と考えがちですが、本当の意味での自立は、困ったことがあった時に助けを求める（助ける）ことができることです。

もしも、保育者がM児に「1人で頑張って！」と声をかければ、U児は手助けをしなかったでしょう。それは、困っている人がいても1人でできるまで助けてはいけない、ということを教えたことになります。ここでは、保育者が「Mちゃん、大丈夫？」と手助けをしようとしたことで、U児はしぜんにM児を助けました。保育者が状況から感じたことが、子どもたちの共感につながったのです。「できる」「できない」のまなざしではなく、保育者の温かいかかわりがあったからこその保育といえるでしょう。

リーダー層の先生へ

新しい年度が始まったばかりの5月はまだまだクラスごとの雰囲気も、園全体も落ちついたとはいえない状況にあると思います。これまで問題がないと思っていた子どもや保護者から、思いがけない姿や登園渋りとそのことについての保護者からの要望などが出てくることもあるでしょう。リーダー層の方は、そうなる前に、登降園の親子の様子を見つつ、困っている状況があればさりげなく援助したり声をかけるなどして、保護者が気軽に相談事ができる雰囲気をつくっておくとよいでしょう。

P.97「月ごとに考えるかかわり方ガイド」では毎月の子どもたちとのかかわりのポイントを紹介しています。

子どもを見るまなざし
③リフレクション

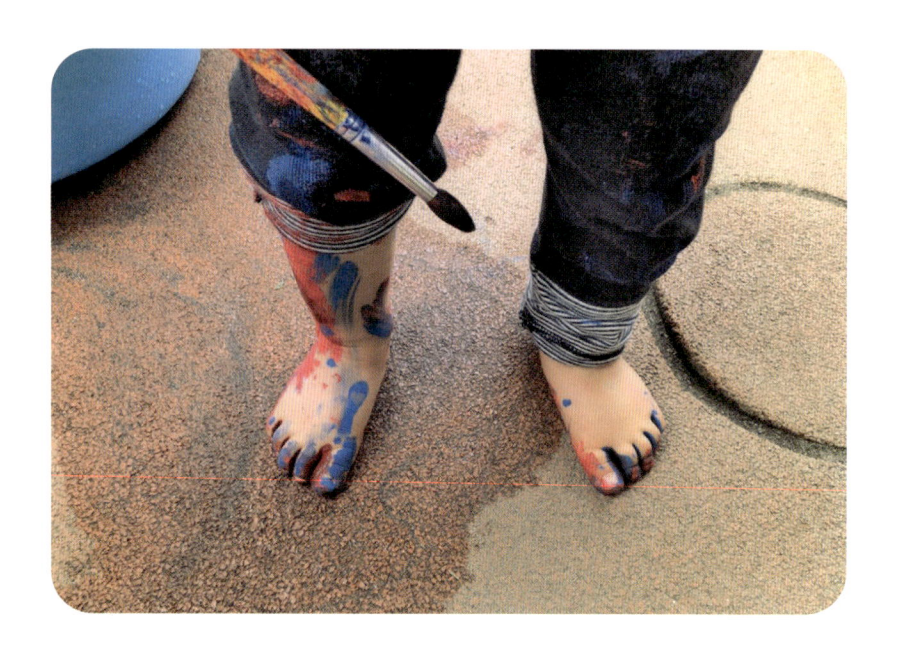

2歳児の遊びに絵の具を取り入れたら、子どもが自分の手足に絵の具を塗り始めました。このように、遊びの中で子どもが、保育者の想定したこと以外の行為をした時に、どのように捉え、かかわるでしょうか。困った行為と捉え、紙に描くことを教えようとする保育者、何をするのだろうとよく見ていたら、指の間にだけ色を塗っているというその子どものこだわりや意図があることに気付き感心する保育者、と様々でしょう。

保育者は、忙しい時間の流れの中で保育をするため、子どもとのかかわりも「無意識」になりがちです。言い換えれば、「やりっぱなし」になりやすいのです。保育力を高めていくには、計画通りにいかなかったことを保育者個人が反省することで終わるのではなく、その場面を、他者の意見にも耳を傾けながら多角的に見直して、子ども理解のために視野を広げ、柔軟なかかわりへとつなげていくことです。つまり、リフレクション*が重要です。

*リフレクションとは…「熟考する」
単なる「振り返り」ではなく、自身の行為を規定するような自分自身の内面で暗黙的な知識や技術、感受性・価値観などの要素に焦点を当てて（映し出し）その内容を吟味すること
参考：一般社団法人学び続ける教育者のための協会（REFLECT）編、（2019）『リフレクション入門』,学文社.

　ある日のこと。近隣から、「プランターの花がちぎられて散らばっているのは、園児のしたことではないか」とクレームの電話が入りました。2歳児の担任保育者は、「子どもの興味を尊重しすぎると、このようなことが起こるのではないか。花を摘んではいけないということを、はっきりと保育の中で子どもたちに教えることが必要だ」と考え、園庭で遊んでいる時に2歳児の子どもたちに伝えようとしましたが……。

　善悪の判断やルールというものを、どのような形で伝えていくか、簡単なようで難しい課題です。私は、今回の対応について、保育者みんなで考えることを提案しました。

　花は、時に摘み取る必要がある場合もあります。大切なことは「良い」「悪い」での判断基準を教えることではなく、摘んで良い場所、いけない場所、時期、摘み取る方法などを伝えることです。そして、観察力、注意力を身につけ、子どもが状況判断をできるようになるための援助が必要だと考えています。

　園庭での遊びの中で丁寧に伝えていくことを保育者間で共通理解し、保育者一人ひとりがかかわりを意識すると、1・2歳児でも、「まだ赤ちゃんだね」と花にそっとふれるようになったり、指先で慎重に摘み取ったりすることができるようになりました。

リーダー層の先生へ

　保育者は忙しさの中で、ついつい表面的な対応になってしまいがちです。また、そのような子どもへのかかわりや言葉かけは、それを見ている周囲の子どもたちに、他者へのかかわり方の見本として映っています。保育者本人が気付きにくい無意識のやり取りや行為を自覚するために、リーダー層の方が具体的なエピソードを切り取って話し合う機会をもてるようにすると、保育の質の向上につながっていくでしょう。

環境
① 安心・安全な環境

　乳幼児にとって、複数の子どもたちと共に長時間過ごす保育室は、安心できる環境であることが最優先です。そのためには、子ども一人ひとりが心身共に「安全と感じる」空間であることが大切です。温度・湿度が管理され、風通し良く、清潔で心地よさを感じ、音環境への配慮がなされた安らぎの場となるような、温かみのある保育室になっているか確認が必要です。子どもたちは、大人よりも感覚が繊細で敏感なので、保育者は感性のアンテナを常に立てて、子ども一人ひとりの表情や遊んでいる様子、置かれている状況を意識して安心・安全を保障していきましょう。また、保育者の保育室での動き、声のトーン、座る位置なども子どもに大きな影響を及ぼします。子どもが見たいもの、ふれたいものを妨げる位置にいないか、適度な言葉かけと静かに見守る姿勢をとれているか、大きな声や騒々しい動きはないかなどへの気遣いによって、子どもが安心・安全を感じる環境になっていくのです。

T児（2歳）は登園後、保育室のソファーに寝転がって動きません。さらにT児の足元、ソファーの上には、園庭のチューリップを挿した一輪挿しが置かれています。担任保育者は、T児の姿が気になっていますが……。

担任保育者は、T児が何をしているのか知ろうと思い、声をかけずに様子を見ていました。そのことに気付いたT児は、「このお花、かわいいよ。ほら！」と言いました。登園時に母親と見つけた草花をコップに入れてテーブルの端に、園庭のチューリップを挿した一輪挿しをソファーに置いて、その2つが観賞しやすい姿勢をとっていたのでした。

T児は植物に対する興味・関心がとても強く、登園時には草花や実を手にしていて、私が玄関先で迎える時に「おや？お手てにすてきなものがありそうですね。お土産ですか？」と声をかけて見せてもらうことが日課になっていました。

T児の思いを大切に受け止めるための一輪挿しやコップ、実を置くためのトレイ等を用意しておくことが、T児だけでなく母親の心までも丁寧に受け止める安心・安定の環境になっていたのです。そのことを、担任保育者と共通理解していたことで、T児の行為の理解と尊重につながりました。

リーダー層の先生へ

保育環境は、毎日過ごしているうちに「こういうものだ」と受け入れてしまいやすく、保育者や保護者の動きにくさや、子どもたちにとって心地よい場所になっていない状況に気付きにくいことがあります。子ども・保護者・保育者の動線を第3者が俯瞰してみることによって、子どもの余計なストレスを減らし、保護者の負担感や不満、事故防止につながりやすいポイントを発見することができます。

theme
〈 02 〉

環境
②発見と学びの環境

★

　子どもの五感は大人よりも優れていると
いわれています。一人ひとりの子どもが、
その敏感なアンテナを立てて、日常生活の
あらゆる場面で、多くのことを感じ取って
発見して学んでいます。にもかかわらず、
「言葉かけが大事」だからと、言葉に頼り
すぎた保育になっていないでしょうか？
保育者の言葉が子どもの感じる世界を遮っ
て、考えたり学んだりするチャンスを奪っ
てしまうこともあります。そのため、日々
の保育を振り返る必要があります。子ども

たちの発見は、集中できる安心した豊かな
環境の中で、自ら「おや？」「こうかな？」「い
つもと違う！」と感じることを通してでき
ることです。

　ワクワク、ドキドキしながら、知りたい、
かかわりたいという意欲が育まれていくよ
うな環境の工夫をしていきましょう。

　加えて、「感じる世界」は、子ども一人
ひとり異なっているということも忘れない
よう配慮していきましょう。

毎年、8月に大きなスイカを八百屋さんに届けてもらい、2歳児の子どもたちが給食室から園庭までのスイカの運び方を考え、1・2歳児で食べることになっています。この年は、段ボールに入ったスイカを力を合わせて運び、保育者が園庭のテーブルの上に載せると、子どもたちが「重かったね！」「大きいね！」と触り始めました。すると、M児（1歳児）がやってきて、次の瞬間、そのスイカを手で押しました。スイカはテーブルから転がり落ち、ひび割れてしまいました。

大きな丸いものが目の前にあったら、転がしてみたいという気持ちは、大人でも起こる感覚だと思います。しかし大人は、それをしたらどうなるか予測できるので押したりしません。でも、子どもだからできるとも限りません。また、思わず叱ってしまう大人もいると思います。しかし、この場面ではM児が転がしてみたいという気持ちを大人の顔色を見ることなく素直に行動に移せたことを尊重したいのです。それはM児の行為によって思いがけない学びにつながったからです。

「Mちゃん、ありがとう！　今日は、スイカを包丁を使わずに食べられるね」とお礼を言い、ひび割れたところに指を差し込んで半分に割って見せました。すると、緊張した空気が、一瞬にして和み、ほかの子どもたちも笑顔になりました。

リーダー層の先生へ

保育計画に書かれた言葉から、保育者が子どもの学びをどのように捉えて環境を設定しているかが見えると思います。保育者の意図を優先し、「できる」、「できない」など目に見える行為や反応を期待するものになっていないか、また、保育者主導の保育になっていないか確認しましょう。そして、子どもが自ら感じ、考え、意欲的に学ぶことができ、保育者自身も子どもと共に感じることを大切にする環境にしていきましょう。

環境
③育ち合える環境

　子どもだけでなく、保護者や保育者もそれぞれが主体的に意欲をもって過ごすことができ、それを温かく見守ろうとする空気が流れている環境は育ち合える環境といえます。例えば食事の場面で、Ｂ児がＡ児の苦手な食べ物をおいしそうに食べる様子を見て、Ａ児も食べたくなるということもあるでしょう。また、その様子を保育者が保護者に伝えることで、「友だちとの関係は大切」と感じ、保護者の子ども理解につながります。反対に、遊びの場面では、Ａ児がおもしろい遊びを考え、Ｂ児の遊びに刺激を与えてくれることもあるかもしれません。その場面を担任保育者が見逃しても、ほかの保育者が気付いて伝えてくれる同僚性があれば、保育者間での育ち合いにもつながっていくわけです。

　素晴らしい子ども、立派な保護者、完璧な保育者を目指すのではなく、それぞれの持ち味を活かして、他者の良さに憧れつつ認め合う環境づくりを心がけることで、育ち合える環境になっていくということです。

母親と登園してきたY児（1歳9か月）が、自分で靴下を脱ぎたがったので、母親は見守ることにしました。Y児は、床に腰を下ろして靴下を手で引っ張って片方を脱ぎました。次にもう片方を引っ張ったのですが、なかなか脱げません。すると、近くにいたK児（2歳）がやってきて、靴下を脱がせてくれました。ところが、Y児は急に泣き出してしまいました。母親は、「せっかく手伝ってくれたのにどうして泣くの！？」と困り顔です……。

言葉でのコミュニケーションが難しい時期には、このようにお互いに状況の判断ができずにトラブルになることが多いものです。

K児に「Kくんは、Yくんが大好きだからお手伝いしてくれたのね。でも、Yくんが急に泣いてびっくりしたね。Yくんは自分で脱ぎたかったみたい。いろいろな気持ちがあるね」と言葉をかけ、母親には、「自発的にやりたい意欲が出たので、自分でできずに残念だったのでしょうね。Kくんの優しさは伝わっているので大丈夫です。このような経験を通して、お互いにだんだんと相手の気持ちに気付きながら成長していくものなんですよ」と話しました。それを聞いて母親は、ほっとした表情になりました。

リーダー層の先生へ

園での子ども同士の育ち合いは、保護者には見えにくいところです。また、育ち合いは、うまくいかないことがあってそれを越えていく過程で起こることもあります。担任の保育者が十分に伝えきれないすてきな出来事や子ども同士のトラブルなどの解釈を、リーダー層の方の視点や言葉で補うことで、子ども同士の育ち合いだけでなく、保護者や保育者同士の子ども理解も深まり、大人同士も育ち合う環境になっていきます。

保護者
①子どもを主体とする保護者支援

　ある日の降園時、母親が靴箱から子どもの靴を出して床に置くと、M児が怒ったような大声を出しました。母親は、何が起こったのかわからず困り顔。「自分で靴を出したかったのかな？」と保育者がM児に尋ねるとコクリと頷きました。「そうだったの」と母親が靴を靴箱に戻すと、M児は安心したように自分で靴を出しました。

　このように日常の中で、子どもは意見や意向を表明していますが、時間に追われがちな保護者の立場ではなかなか気付きにく

いものです。

　子どもが自分の気持ちや思いを表現できるように保育者が支援（子どもアドボカシー）することで、保護者の子ども理解につなげることが、子どもを主体とする保護者支援です。

　園や保育者の保育方針や理想を伝えるだけの一方向的なかかわりにならないように心がけながら、子どもを主体とした保育を通して、園生活も家庭でのかかわりも豊かに展開される関係性を築いていきましょう。

その日のR児（2歳1か月）は、朝からちょっとしたことで不安定になりやすく、他児とのやり取りで、普段ならば自分の気持ちを表現できるような時でも、泣いてしまいます。いつもと様子が違うので、お迎えの時に母親にそのことを報告すると、「2人目の出産をする時に、私と一緒にRも実家に連れていくか、自宅で父親と過ごすかで、夫と軽く言い争ってしまって。どちらが良いでしょうか？」と相談を受けました。

R児は、自分のことで両親が言い争いになっている様子を見て、不安を感じたのかもしれません。赤ちゃんを迎えることは、生活が激変する一大事ですので、R児がそのことをどのように受け止めているか、両親がどのようにR児に伝えたか、どのようなことを想定し心配しているかを丁寧に母親と対話してみました。

そのうえで、自宅で過ごせばこれまで通り、1日8時間は園生活で友だちのいる楽しく安定した時間になり、実家で過ごせば、祖父母とのかかわりや異なる文化にふれる貴重な時間が過ごせる良さがあることを伝え、R児と両親にとってどちらが無理なく安心して過ごせるかを改めて考えてもらいました。このように、大人の見通しが立つことで子どもの不安も解消されて心の安定につながります。

リーダー層の先生へ

「子ども主体」ということの本来の意味を保育者全体で理解できているのであれば、日頃のやり取りの中で保護者に伝わっていくものです。「子ども主体」とは、子どもにやりたい放題させていくことではありません。生活の様々な場面でその「子どもにとって」という共感的な立ち位置で共に考え、応答していくということです。子ども一人ひとりがのびのびと生活する保育実践を通して、保護者に子どもの思いや意思があることを伝えていく役割をリーダー層は果たしていきましょう。

保護者
②保護者との共通理解

感情表現が穏やかで動きもゆったり。いつもは他児の動きを見て楽しんでいることが多いY児（0歳11か月）がある日、近くにあった輪を自分の鼻にひっかけて手を離してニコニコしていました。「すごい！ おもしろいことに気付いたね！」と保育者は感動し、その日の降園時に父親に伝えました。すると、父親が「赤ちゃんだから何もわかってないと思っていました。すごいんだね」と、Y児を改めて抱きしめました。

このように、0歳児でも生活の中で様々なことを感じ、考え、表現していることに保護者が気付くことは、子育てのおもしろさや子育てへの意欲につながるのです。保育者は、子ども自ら遊びを発見し、考え、工夫していることを見逃さないようにして、保護者とも共有していきましょう。

そのことから築かれていく信頼関係は、子ども同士の関係性の理解や、保護者間の関係、そして、感染症対応への理解と協力、安全と安心の環境への共通理解とつながっていくのです。

2歳児クラスの担任保育者は、休み明けのＡ児が、どことなく気持ちが荒れ模様で表情も冴えないことが気になっていました。ある朝、Ａ児の母親から「休日に雨が降ると、家でどんなふうに過ごしたらいいかわからなくて困っています。外では遊ばせられないし、静かにして！　と、私も子どもも機嫌が悪くなり最悪です」と、相談を受けました。

雨の日の過ごし方は、保護者だけでなく保育者も頭を悩ますところがあります。限られたスペースで、音もこもりやすく動きも制限されるので、どうしたら静かに過ごせるかと、大人側の思いで保育の形や方法を考えてしまいがちです。

そこで、連絡帳に「こんな時こそ、発想の転換です。雨の日を楽しむにはどうしたら良いか考えてみました。楽しいカラフルなレインコートをみんなで作って、お庭にちょっと出てみようか！　と提案したら、子どもたちの目がキラキラワクワクになりました」と、その日の保育を書いてみると、「なるほど、雨の日ならではの過ごし方もありますね。家のテラスで雨を楽しむのもいいかもですね」と母親から返事がありました。

リーダー層の先生へ

子どもの行為の読み取りが、保育者と保護者で異なっているかどうか確かめたことはありますか？　いつも保育者の読み取りが正しいとは限りませんし、保護者がそのように捉えるには、訳があるかもしれません。共通理解のためには、保護者への先入観や決めつけや教えようとする姿勢に気をつけて、謙虚さをもって保護者なりの視点や捉え方を傾聴していくことが大切です。

theme 〈 03 〉

保護者
③保護者理解

保護者参加のクリスマス会

保育者からすれば、親だから当然と思われるようなことを、保護者が全くわかっていない、気付けていないということは実はたくさんあるものです。そのせいで保護者が困っていることも少なくないはずなのですが、周囲からの評価が気になって表に出せないことがあります。

また、保護者自身の育ちの過程や親との関係が子育てに影響している場合もあります。保育者は、子どもの様子、親子関係を表面的なことや自分の経験だけで安易に決めつけないよう心がけ、何か訳があるのか

もしれないと理解しようとする姿勢が大切です。

そのような保護者が子育ての中での困りごとをしぜんに表現できるようになるのは、我が子がこの園で"ありのままを丸ごと愛され、のびのび過ごせている"という実感をもてた時なのです。そのためにも、保育の中で感じられる子ども一人ひとりの良さを根拠をもって伝える力を保育者がもつことです。ただし、意識しすぎると、その緊張感が保護者にも伝わってしまうので注意しましょう。

S児（1歳9か月）の母親から、「家で、イヤイヤが激しくて何をするにも時間がかかって困っています。忙しい時に限って、いうことを聞かないので、最後は怒って強引にしてしまうと、さらに大騒ぎになって……。どうしたらいいかわかりません。それと、先生におむつ交換をしてもらう時は、静かに楽しそうに替えてもらっていて、親としての自信がなくなります」と言われました。

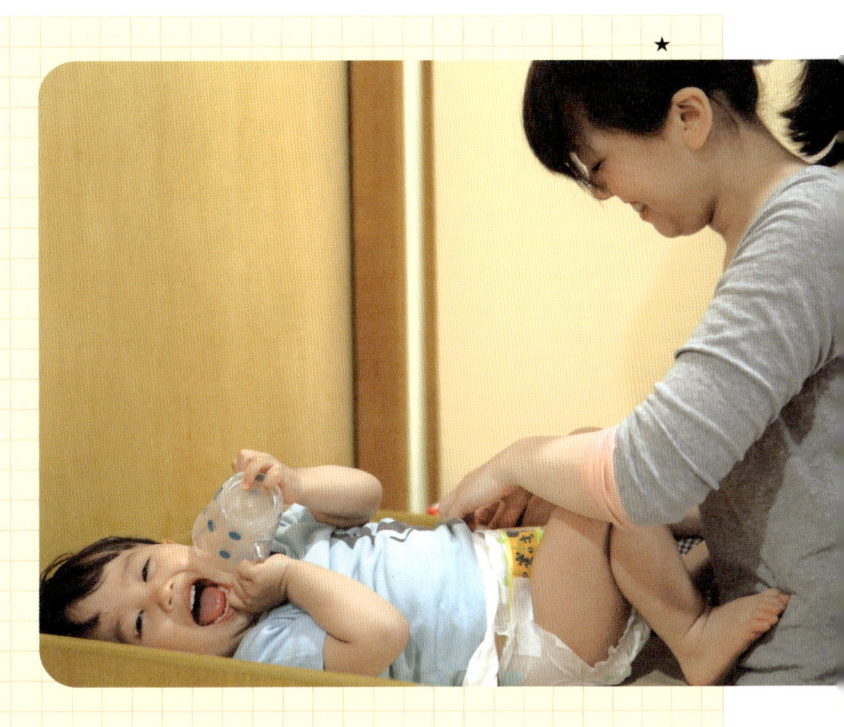

子育て、家事、仕事との両立、通園するための準備など、母親の立場に立ってみると本当に大変です。

「余裕がない時に、嫌と言われるとつらいですね」と、まずは丁寧な気持ちで共感します。そのうえで「Sちゃんにも思いがあるので、まずは理由を聞く姿勢がSちゃんを安心させます。お母さんへの信頼感も生まれ、大騒ぎにならなくなるかと。状況によっては理由を説明して、今はできないことをわかってもらうことがあっても良いのでは。保育者は普段、何かをする時には必ず、『〇〇する？』と本人の気持ちを確認することを心がけているので、本人も納得しているからなのかもしれません。ちょっと根気が必要かもしれませんが、"急がば回れ"ですね」と話しました。

リーダー層の先生へ

　保育をすることに精一杯で、保護者対応が難しいと感じる保育者は多いと思います。しかし、子どもが幸せに生きるための応援をすることが保育者の役割ですから、園と家庭の両方で生活する子どもたちにとって、どちらでも同じような気持ちで安心して過ごせるようにすることが大切です。リーダー層の方は、保護者が安定して子どもにかかわることができる支えも私たちの役割であるという自覚を保育者に促していきましょう。

〈 04 〉

主体的・対話的で
深い学びのめばえ
①遊びの中の学び

　乳幼児の遊びを、保育者はどのように捉えているでしょうか。特に0歳児の場合、「愛着関係が重要」といわれていることから、つい、「密着して遊んであげる」という配慮になってしまっていないでしょうか。愛着関係で重要なのは、心が安定して、のびのびと自分の感覚を使って周囲のモノ・ヒト・コトに興味を広げてかかわろうとする探索意欲を応援するために必要な配慮です。0歳児の興味の幅や好みが一人ひとり異なっていることに気付き、子ども自身で選択できる環境と、保育者が密着し、保育者主導で子どもに玩具を与えたり、遊んであげたりする環境とでは、1年後、2年後の子どもの学び、育ちに差が出てきます。

　子ども自身の興味や好みと異なることを強いられる経験を重ねてしまうと、知りたいという意欲は育ちませんが、興味のある音、感触、匂い、色などに出合えたら、「もっと知りたい！」という感覚が刺激されて、探究心が深まっていくのです。

普段は、草花の匂いや色に気付くなど繊細な感覚で遊んでいるＡ児（２歳10か月）が、本棚の本を次々と運んでは、段ボールで作った箱型車の中に積み込み始めました。このような大胆な行動は珍しいので、何をしようとしているのかしばらく見守っていると、とうとう本棚の本が空っぽになるまで本を運び出しました。

箱型車に積み込んでいるＡ児に「うわ〜！　大変なことになってる！何をしようと思ったの？」と、驚いたように尋ねてみました。「みんな絵本が大好きだからお届け物しようと思ったの」とＡ児。「なるほど。でも、Ｂちゃんが欲しい絵本が下のほうで取れないね。絵本は本棚にあると、全部の本が取りやすいからみんなが便利かも。一緒に本棚に戻す？」と言ってみると、納得してくれました。

すると、周囲でそのやり取りを見ていた１・２歳児が、一緒に本を運んでくれました。その運び方は、１冊ずつの子、３冊束ねて友だちと端を持ち合う子、大きな箱を見つけてきて一気にたくさん運んでみせた子と、一人ひとりの思考の違いが見えてたいへんおもしろく、あっという間に片付いてしまいました。

リーダー層の先生へ

リーダー層の方は、自園の０歳児の遊びのあり方を確認してみましょう。保育者が子どもの意思とは無関係に玩具を出して与えたり、膝に乗せたり、声もかけずにいきなり背後から抱き上げたりしていないでしょうか？　０歳児にも主体的にモノ・ヒト・コトにかかわり、その状況から学ぶ力があります。保育者のかかわりが一方的になると、自分の思いは通らないという感覚をもってしまい、その後の学びや人とのかかわりに影響してきますので注意が必要です。

主体的・対話的で
深い学びのめばえ
②生活の中の学び

theme 〈 04 〉

　乳幼児は、本来、生活と遊びを区別して日々を過ごしてはいません。生活のすべてが遊びであり学びなのです。生活の中で、"子どもが遊んでいる"と見える行為に保育者が心を置き、その子どもの気持ちになってみると、「どこをどのように持つと上手く操作できるか」「どこに力を入れるべきか」「大人はこんなふうにしていた」など、子どもが本気で知りたがり、思考し工夫している行為であることに気付くはずです。

　保育者は、同時に複数の子どもたちとかかわる中で生活の流れを強く意識するあまり、とかくそのような子どもの内面を見落としがちです。しかし、保育者の専門性は、そのような時にこそ発揮されるものでしょう。どのような場面においても、良いか悪いかの判断をする前に、「何をしようとしているのか」「何をおもしろがっているのか」と、まず子ども理解（行為の意味を知ろうとする心の習慣）が先行する保育者が、子どもの学びを支えるのです。

2歳児クラスでの餅つきの様子です。料理用のスモックを着て、真剣な表情の子どもたち。子どもたちは少し離れたところで、蒸し器からシューシューとたくさんの蒸気が上がっているのを見ています。安全面への配慮から、1・2歳児の餅つきを積極的に行う園は多くないのではないでしょうか。では、この餅つきの体験を1・2歳児ならではの学びにするにはどのようにしたら良いでしょうか。

「たき火の時に見た"けむり"と似ているけど匂いが違うね。これは"ゆげ"というものなの。煙と違って湯気は熱いから触ったらたいへん」と伝え、蒸し上がったもち米を少しずつ食べてみました。蒸し上がったもち米を喉に詰まらせないよう、保護者にも注意をお願いしながら、子どもたちにも「熱いから、ふーふーして、ゆっくりもぐもぐね」と話すと、みんな慎重に口に運んで「おいしい！」と喜んでいました。

煙と湯気の違いなど、実際に体験することで子どもたちそれぞれが感じ、学ぶチャンスになります。危険だからやらないのではなく、どうしたら安全にできるのか、保護者の協力も得ながら、子どもたちの感覚的な学びを保障できる保育をしていきましょう。

リーダー層の先生へ

保育者の使命のように、子どもに「生活習慣を身につける」ことを頑張り、「できる」「できない」に捉われがちです。でも、何気ない生活の中に、子どもにとってはたくさんの感じることからの学びがあります。忙しくなりがちな生活場面の中でいかにゆとりをもってかかわることができるか、リーダー層の方は保育者と共に考え、工夫し、ふとした場面での子どもの気づきに感動したり、保育者自身が学ぶことができる保育になるように配慮していきましょう。

主体的・対話的で
深い学びのめばえ
③かかわりの中の学び

　乳幼児期の中でも０・１・２歳児は、一人ひとり異なった感性で、自分の興味・関心に合わせて一人遊びに没頭することが大事な時期です。しかし、０歳児であっても他児のしている遊びや行為に興味をもって模倣したり、刺激されたり、憧れたり、一緒にやりたがったりする感覚をもっています。そして、そのような他者の存在の魅力に気付く時にこそ、かかわりたい意欲が生まれ、コミュニケーション力の芽が育まれる要素がたくさんあるのです。

　保育者は、園ならではの人的環境を通して、安心・安全の中で子ども一人ひとりの興味・関心を引き出し、子ども同士、子どもと保護者をつないでいく役割を担っています。そのためには、子ども一人ひとりが自分の感覚に合った遊びを選択でき、その遊びに没頭できるような豊かで魅力的な環境を整えること、そして、保護者が家庭において子どもの遊びや行為を理解する助けになるエピソードやその解説の伝え方を工夫していくことも大切です。

📖 　テラスにある外用の積み木の大半を使って、Y児（3歳1か月）が遊んでいると、ほかの子どもたちから「自分たちも積み木を使いたい！」と不満の声が上がりました。それでもY児は、「だめ！　ぼくが使うの！」と1個たりとも譲りません。そのうち、ほかの子どもが、Y児が積み上げている積み木を崩しにいこうとし始めました。

💡 　Y児が庭に置いてあるベンチの上にせっせと積み木を運んでいることに気付いていました。ベンチの面にぴったりと合わせて規則的に積み木を積み重ねています。また、よく見るとベンチの周囲に置いてある砂の入った鍋や容器の並べ方にも規則性が見られます。Y児は、積み木だけでなく、その周辺も含めて、自分なりの規則性をもった作品を仕上げるために積み木が必要だったのです。

　そこで、「Yくんは、今、すてきなものを作っているみたいだから、ここはちょっと待ってあげてくれる？　きっといい感じのものが出来上がると思うよ」と、積み木を使いたがっている子どもたちに話すと、みんな静かにY児の作業を見守り始めました。その後、作品が出来上がるとY児は「かっこいいビルなんだ」と満足気に言い、Y児の作業を見守っていた子どもたちに「使っていいよ！」とあっさりと積み木を譲りました。

リーダー層の先生へ

　子どもは本来、親とのかかわりだけでは育ちません。様々な人との豊かなかかわりを通して、複雑な社会性を身につけていくことが人間らしさとして重要です。園には、人との豊かなかかわりを体験でき、家庭にはない素晴らしさがありますが、そのためにも、保育者が丁寧にその関係性を紡いでいく役割を果たす必要があります。「仲良く」「順番」などを教える前に、子ども一人ひとりが自分の思いをありのままに表現できているかを確認してください。

Part 3

保育のきほんとは

　人格の土台が育まれていく乳幼児期のきほんは、子ども一人ひとりの生理的な欲求（内受容感覚）に応じるアタッチメントで満たされることにあります。

　保育者は、個人差を把握しながら、規則正しいほうが良い場合としなやかさをもって対応するほうが良い場合など、子ども自身が求めていることを的確に洞察するまなざしをもって、心地よいかかわりから安心・安全を保障していくことが重要です。

　ここでは、0歳児を中心に具体的なかかわりを通して、そのポイントを押さえていきます。

theme
〈 01 〉

抱っこ

乳児とのかかわりにおいて、1対1での抱っこは欠かすことのできない大切な行為です。ぬくもりを感じ包み込まれる安心感、自分だけにかけられる優しい声やまなざしの心地よさが、心身の発育や発達に大きな影響を与えるからです。しかし、ただ抱いてあげれば良いのではなく、その抱き方やタイミングは状況によって変わります。

point 1 ›› 首のすわりと抱き上げ方

首がすわるまでは、基本的には横抱きのほうが良いでしょう。ただ、乳児によっては縦抱きのほうが落ち着く場合もあるので、その場合は首がぐらつかないようにしっかり支えながら、乳児を保育者の胸元にもたれかからせるように密着させて、背中を支えて抱くようにすると安心です。首がすわっても、頭がぐらつくような抱き上げ方にならないように気をつけ、また、急に反り返るような動きもあるので十分注意しましょう。

point 2 ›› 目を合わせて声をかける

乳児は、抱き上げられる前の大人のまなざしと優しいトーンの声、自分の体にふれる大人の手の位置や感触で、抱き上げられることがわかり、期待し身構えて待つことができます。また、乳児の体にふれる際、いきなりふれると驚かせてしまいます。乳児だけでなく子どもの背後から急に抱き上げることはしないように、どんな時もふれる前に必ず乳児と目を合わせて声をかけてからふれるようにしましょう。

point 3 ›› 抱くタイミングと注意点

乳児が機嫌よく遊んでいるような場合には邪魔をしないように少し様子を見てから声をかけて抱くようにしましょう。乳児と保育者どちらにとっても負担になるので、長時間の抱っこは避けます。乳児が急に激しく泣き出した場合は、抱く前に「痛かった」「怖かった」など心身に異常がないか素早く確認したのちに抱くようにしてください。驚いて泣いた場合は言葉をかけながら保育者の体に密着させて抱くと落ち着くでしょう。

首がすわる前

乳児の頭の下に両手を入れ、頭を起こします。乳児の頭に近いほうの腕をすべらせて、頭の後ろと背中を支えながら、もう一方の手を股の間から入れて頭から先に抱き上げます。この時、乳児の不安を招くので、頭を腰より下げないことと、乳児の股関節をそろえて抱くと股関節脱臼になってしまうこともあるので注意をしましょう。

首がすわった後

体の両端に両手を差し入れて抱き上げます。脱臼につながるので、脇の下から抱き上げないようにしましょう。生後4か月頃は、体の筋肉のバランスが変わり、伸ばす筋肉が強くなるため、反り返ったり、突っ張ったりすることがあるので注意をしましょう。

※抱き上げる際はいずれも目を合わせ、声をかけてから行う。

乳児と
抱っこ

乳児は安心していれば、玩具に手を伸ばしたり、寝返りやハイハイをしたりして自由に遊び、豊かな刺激を受けています。抱っこは、視界の変化や移動の楽しさ、かかわりを共有する時間でもあるので、保育者はきちんと目も心も子どもに向けてかかわりましょう。

首がすわってきたら、他児の様子が見えるような抱っこの仕方も楽しい刺激になります。どんなことに目がいくか、興味を示すかを確認しながら、「お花きれいね」「お兄ちゃんたちおもしろいね」など声をかけて過ごすことも楽しい遊びになります。

子どもたちの中には、自分の気持ちを表現できずに我慢しているような子どももいます。遊びの妨げにならない時には、「抱っこしたくなっちゃった！」と、求められなくても保育者のほうから抱きしめることがあってもよいでしょう。

Q 抱っこでは眠っていた子が
お布団に下ろそうとすると起きてしまうのはなぜでしょう？

A これは「感覚器官と皮膚、関節、筋肉にある体性感覚（固有感覚）が快、不快などの情報と連動している」ため、抱っこしてくれる人の声、体温、リズムなどを全身で感じて落ち着き、眠り始めます。個人差はありますが、体が離れてしまうと心地よい感覚が途切れるため起きてしまいます。お布団に下ろすまで体を離さず、トントンなどでリズムを刻み続けるとよいでしょう。また、「泣いたら抱っこ」というパターン化させた対応では泣いている理由に適切に対応できません。空腹など生理的な不快の訴えは、それへの対応が先決です。

〈 02 〉

授乳

乳児にとって授乳は、栄養摂取だけでなく、抱かれる心地よさを感じ、目を合わせて優しく声をかけてもらえる楽しいふれ合いの時でもあります。

安心してゆったりと心地よい満腹感、満足感が得られるような授乳環境を保護者との情報交換をしつつ工夫して整え、丁寧に対応しましょう。

point

1 ›› 哺乳量と個人差への配慮

哺乳量には、個人差がはっきり現れます。吸てつが上手で無駄なく必要なだけ飲むことができる乳児もいれば、うまく哺乳びんの乳首に吸い付くことができずに余分な空気を吸いやすい乳児もいます。様子を見ながら、乳首の穴や形（大きさ、クロスカットなど）を変えてみるなどの対応が必要となります。また、運動量の違いや、環境の変化（授乳をする人や場所）に敏感に影響を受けやすい乳児もいるので、一人ひとりに丁寧に応じていきましょう。

point

2 ›› 授乳間隔と生活リズム

園での授乳は、朝の自宅での授乳の時間、哺乳量などに合わせて、次の空腹時間（消化される時間）を予測して準備しましょう。日によって体調などでも空腹時間は変化するため、園で授乳時間を一定に決めることはしないようにします。心地よい空腹感が得られるためには、安心できる雰囲気の中で、適度な気分転換や刺激になる遊びも大切となります。個々の体力によって睡眠のリズムも異なるので、授乳時間の見計らいも必要となるでしょう。

point

3 ›› 母乳とミルク

母乳とミルクは消化にかかる時間が異なります。母乳のほうが消化が早いので、たっぷり飲んだとしても次の授乳まで2〜3時間で空腹になる可能性があります。ミルクの場合は、最低3時間は空けたほうが良いでしょう。ただし、前の哺乳量が100ml以下の場合は、2時間空ければ大丈夫です。冷凍母乳を預かる場合は、管理の仕方、温め方などに十分気をつけて、保護者と相談しながら希望に添える環境があれば極力応じるようにすると良いでしょう。

ミルクができたら、授乳直前に自分の腕の内側へ哺乳びんを当て、ミルクの温度が熱すぎないかを再確認します。乳児によって温度の好みがあり、冷めすぎると飲まない場合もあるので、その場合はボウルに用意したお湯で温めなおしましょう。なお、時間が経った飲み残しのミルクは与えないでください。また、哺乳びんの乳首は劣化するので、取り付けの際に穴が裂けていないかなど毎回確認しましょう。

満足する
幸せ
時間に

授乳する際は、保育者の負担軽減と乳児がリラックスした姿勢で飲めるように、授乳クッションや授乳椅子の使用がお勧めです。また、乳児が自分のペースで、落ち着いてミルクを十分に飲めるような環境づくりも大切です。

授乳中は目を合わせて声かけし、授乳に集中しましょう。授乳後2、3分食休みをとるとミルクを戻しにくく、排気がしやすくなります。授乳中に眠ると排気が出にくくなり、ミルクを戻しやすくなるので、目を離さないようにしましょう。

食休みの後、保育者の肩にガーゼをのせ、乳児のあごがガーゼの上にくるように縦抱きにし、背中を下から上へゆっくりさすり、ミルクと一緒に飲んだ空気を排気させます。背中をたたいてしまうとミルクを戻しやすくなるので避けましょう。

園での授乳がうまく進まない場合、可能であれば園に慣れるまで家族に授乳に来てもらい、参考にしましょう。園での生活に不安がある保護者もいるので、園での哺乳量が少ない場合は保護者と丁寧に情報交換しながら進めていきましょう。

**Q 授乳の際に気をつけることはありますか？
また、授乳時間の目安は？**

A　乳児は少しの姿勢の変化でもミルクを戻しやすいので、乳児の腹部を圧迫するような姿勢にならないよう配慮が必要です。また、授乳時間の目安は20分前後です。それ以上時間がかかる場合は、乳首の穴の形や大きさを変えてみるなど、家庭と情報交換しながら工夫してみましょう。ミルクを飲みたがらない場合は、無理に与えることは控えます。反対に授乳時間が極端に短い場合は、乳首を小さいサイズにすると満足感が得られます。哺乳量が少ない場合、前回の授乳時間、哺乳量を把握して、適切な授乳時間を考えましょう。

排泄

★

布おむつも紙おむつも、交換のタイミングは同じです。乳児に排尿、排便の気配があればその都度交換をし、のちに清潔にすることの心地よさや生活習慣を身につけるためにも、ある程度こまめに交換します。交換は1日に何回もありますが、1対1でかかわることのできる大事な時間として、丁寧なかかわりを心がけましょう。

point 1 ≫ 排泄のメカニズム

　乳児の排尿便のコントロールは、大脳の機能によるもので、その発達には個人差があるため、月齢で区別できるものではありません。尿や便を溜め、溜まったことを感じて、排尿便する指令が脳から出ることによって、トイレで排尿便できるようになります。訓練すればできるようになるというものではありません。まずは、一人ひとりの排泄前後の様子の変化や排尿間隔を捉える丁寧なまなざしが必要となります。

point 2 ≫ 健康観察

　おむつ交換時に大切なことは、健康状態を丁寧にチェックすることです。尿量、色、臭いなどのほかに、おむつかぶれ、皮膚炎、腹部中心の発疹などを確認すると良いでしょう。乳幼児が罹る感染症の多くが発疹を伴うもので、やわらかい臀部や腹部から出始めるため、早期に発見しやすいためです。また、寝かせた姿勢は、口腔内も見やすいので、楽しいやり取りをしつつ、乳幼児の唇、上あご、歯や歯茎の様子も見る習慣づけをすると良いでしょう。

point 3 ≫ 家庭との連携

　おむつかぶれ、便秘などの原因は家庭での生活の様子とかかわりがある場合があります。通園時に長時間チャイルドシートに座っていることや、家庭での食事や水分の取り方などが原因で起こっている場合もあるため、家庭での様子を確認するなど、家庭との情報交換が必要です。保護者に伝える場合は、連続性のあるかかわりを心がけていることを伝え、園でできること、保護者に伝える情報など生活全体を見ながら連携していくことが大事です。

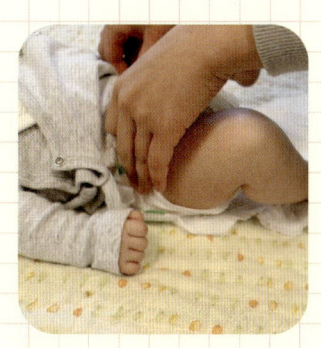

❶おむつ・おしりふき・シート・手袋・ポリ袋・顔に落としても危なくない玩具を準備します。交換目安は「泣き出した」「臭ってきた」「力むような表情」「生活の区切り」など。必ず「おむつ替えようね」と声をかけながらおむつ交換台まで移動しましょう。

❷交換台に乗せたら、決してそばを離れないでください。便の可能性がある時は、使い捨てシートを敷き、その上に新しいおむつを敷いてからおむつを外します。尿や便の状態の確認をします。女児は前から後ろに拭き、尿道に便が入らないように気をつけましょう。

❸交換台を嫌がる時期は衣服の着脱を交換台以外でするなど、無理に押さえ込まないようにしましょう。使用後のおむつはポリ袋に入れて口をしっかり結び、おむつ専用ゴミ箱へ。交換後は手を洗い、必ず時間、尿・便の状態、皮膚の状態を記録しておきましょう。

歩けるようになったら「さっぱりしようね」など声かけをし、自分の意志で交換に向かえるようにしましょう。丁寧なかかわりは、保育者への信頼や排泄の自覚や自立の準備となります。時にオマルや便器に座ることも楽しんで行いましょう。

尿や便を溜められるようになると排尿便の間隔が長くなり、トイレで排泄できるようになりますが、精神的に不安定な要素やトイレの雰囲気などで自立に時間がかかる場合もあります。無理をせずに、家庭と情報交換をしながら進めていきましょう。

Q 園ではトイレに行けますが、家ではトイレに行きたがりません。無理なく促す方法はありますか?

A 園では、友だちの様子に刺激されてしぜんにトイレで排泄ができてしまうことがよくあります。それだけ、子どもにとって友だちの存在は大きいのでしょう。園でしぜんにトイレに行けているということは、体の状況は問題なく出来上がっているということです。おうちの方へは、心配せずに本人がその気になるまで待っても大丈夫であることを伝えましょう。また、気に入った布のパンツを本人と一緒に買うことで、お気に入りのパンツを大切にしたいという気持ちから、トイレに行けるきっかけになることもあります。

離乳食

授乳及び離乳食は保護者の不安が最も大きいことなので、その対応はたいへん重要です。そのため、最新の「授乳・離乳の支援ガイド」（厚生労働省）を参照して、経験やこれまでのやり方に頼らず、食物アレルギーについても科学的知見を踏まえた適切な対応を心がけ、保育者によって考え方が異なる支援にならないようにしましょう。

point 1 ≫ 個人差への配慮

離乳食は、摂食機能の発達に応じて開始する時期を判断するので、当然個人差を考慮する必要があります。具体的な目安としては、首がすわり、寝返りができて、5秒以上座位がとれるようになっていること。吸てつの反射が減り、口の中にスプーンなどを入れても、それを押し出さなくなり、食べることに興味をもつようになるという様子が確認できたら開始のサインと判断。単純に月齢だけで一斉に開始することはできません。

point 2 ≫ 栄養学的意味と食文化

離乳が遅れると鉄欠乏、ビタミンD欠乏を引き起こす可能性があるので、必要な時期に開始することは栄養学的に重要です。また、咀嚼力・量・消化力など個人差があること、食物アレルギーなどの体質にも考慮しながら、咀嚼の状況、全身の様子等に目を向け進めていく必要があります。一方で、食は文化的側面もあるので、おいしく楽しく心地よく、食物と出合うための配慮は欠かせません。他児との共食も、園ならではの経験として大切にしたいですね。

point 3 ≫ 家庭との連携

離乳食についての負担感は保護者の悩みの上位にあります。そのため、離乳食の開始時期については、子どもの発育・発達の様子や体調と、家庭の事情に合わせて、慎重にやり取りをしながら進めていく必要があります。また、離乳食は、手作りが望ましいですが、家庭でのベビーフードの活用についても保護者の負担を軽減する意味で、時には必要なことなので、理想を押し付けることのないように心がけ、そのうえで、適切な活用方法を周知していきましょう。

座位が安定し、なんでも口に持っていく、だれかが食べている様子をじっと見る、よだれが増えてきたなどが、離乳食開始のサインです。また、あまり玩具をしゃぶらないタイプの子どもは、離乳食を受け入れることに時間がかかることもあります。

離乳食初期は乳汁以外の香りに慣れ、呑み込む練習の時期にあり、乳汁の栄養が主となります。中期はいろいろな舌触りや味を楽しむ時期。ざらざら感のある食材を嫌がる場合があるので、つぶす、とろみをつけるなどの工夫も必要です。

離乳食後期には手づかみで食べられるものが増えてきます。食事が受け身にならないように、手づかみの意欲を尊重するようにしましょう。ただし、こぼす量が多いと満足感が減るので、上あごに食べ物がたまっていないか確認しながら保育者が介助することも必要です。

★

★

食事が楽しみになるような工夫と配慮が大切です。例えば、エプロンをする時や、食べ物で汚れた手や顔をおしぼりなどで拭く時には、いきなり体にふれずに、「○○しようね」と、必ず先に声をかけてからにしましょう。

この時期はまだ体力がないために、食事中に眠くなって食べるのを嫌がったり不機嫌になったりしがちですが、その時は睡眠が優先です。無理に起こして食べさせたり、食べものを口に含んだまま寝てしまうことのないように、十分注意が必要です。

Q 家庭で母乳を与えることが多く、離乳食がなかなか進まず心配です。

A　ある調査によると、離乳食について困ったことがあると回答した保護者は70％強です。その理由として考えられることは、食物アレルギーに対しての不安や離乳食を作ることへの緊張と負担感です。本来は、離乳食をなるべく進めて、それに付随したものとして母乳やミルクがあることが理想ですが、母子手帳にある身体発育曲線を見て、その子なりに増加していればそれほど心配はいらないでしょう。保護者の心配事がしぜんに話せる関係づくりも心がけながら、「子どもにとって」を基準に共に考えていきましょう。

＊食物アレルギーの考え方が変わってきているので保育者も学んでおきましょう。

theme
〈 **05** 〉

清潔

★

「清潔」は、保健衛生的な意味だけではありません。乳児は心地よさを感じることによって安心と安定の中で過ごすことができるので、遊びへの集中、他者との関係性など、心の健康にも影響します。

また、保護者との信頼関係にもつながっていきますので、丁寧に対応していきましょう。

---

point
1 >> **心地よさと**
安心・安定

新陳代謝が活発なため、汗、涙、排尿便、よだれ、鼻汁などの日常的な身体的不快感がありますが、保育者が丁寧に言葉を添えながら伝えると、清潔にする心地よさが身についていくものです。乳児が外界と積極的につながりをもつには、心地よい安心感が安定した形で保たれていることが重要であり、不快な状態は、周囲への探究心、好奇心や他者とのかかわりにも影響します。清潔に心地よさを感じることで、不快を訴える感覚も育つので大切にしましょう。

point
2 >> **チェックの習慣化**

登降園時、散歩後、食後、午睡明けなど生活の区切りに、子どもの体の露出している部分（顔、首、手足）の汚れや皮膚の状態を確認する習慣をもちましょう。べたつきや汚れ、発赤などが見られた場合は、清潔にする対応を行います。また、衣服で覆われている部分（手足の付け根、臀部、胴体）については、着替えやおむつ交換時に、言葉をかけながら丁寧に確認します。しかし、拭きすぎやこすりすぎは皮膚を荒らすことになるので要注意です。

point
3 >> **家庭との共通理解**

清潔の感覚を身につけるには、家庭との連携も重要となります。季節ごとの配慮事項を園側から情報提供して、共通理解を心がけましょう。また、汚れることに対して神経質にならないように、「きれいになって、さっぱりした」「気持ちがいい」「いい匂い」など清潔のポジティブな感覚が身につくようなかかわりを心がけて大切に伝えていきましょう。清潔への細やかな配慮が子どもへの配慮になり、家庭との信頼関係につながります。

沐浴の手順・要点

準備…お湯の準備（浴槽38～40℃、洗面器40～42℃）、温度計、バスタオル、ガーゼ2枚、石鹸、綿棒、着替え一式

※沐浴用ネットを使用すると安全で保育者の腕への負担が軽減します

沐浴を中止する判断…発熱、咳、下痢、顔色が悪い、ぐったりしている、目や耳に疾患がある、空腹、授乳直後　など

❶不安にならないよう「お風呂に入って、さっぱりしようね」「温かいよ」など、必ず声をかけてから行いましょう。

❷最初に洗面器のお湯を使い、軽く絞ったガーゼで顔を額から順に拭きましょう。目は目頭から目尻へ。反対方向に拭き戻さないように気をつけましょう。

❸乳児は頭皮に湿疹ができやすいので、石鹸を泡立てて大泉門を押さないように注意しながら、指の腹で丁寧によく洗いましょう。

❹保育者の手に泡立てた石鹸をつけ、首、腕、足の付け根などの部分は、開くようにして洗います。

❺洗う際は、安全への配慮から部分ごとに洗って流すと良いでしょう。

★

★

保育中は、首回りや手足など露出している部分の汗や汚れを、さりげなく確認するようにしましょう。胴体、臀部、手足の付け根やくびれなど衣服で覆われている部分は、着替えやおむつ交換時に必ずチェックしましょう。

鼻汁が出たら拭くことや手洗いの習慣を身につけるためには、子どもの身長に合ったところにティッシュやゴミ箱、手洗い場もあることが重要です。また、2歳頃からは外出後や食事前以外でも汚れたら自発的にやりたがることを尊重しましょう。

Q 顔や鼻汁を拭くのを嫌がり、顔を背けます。どうしたら良いでしょうか？

A 　子どもは、心地よいことはしぜんに受け入れます。しかし、強引にされたことで痛さを感じたり、冷たいなど不快さを感じた経験によって嫌がるようになることが多いようです。本人に鏡で汚れているところを見せて気付かせ、「きれいにしようね」「気持ちいいね」と温かいおしぼりで優しく拭くと、顔を拭かれることを嫌がらなくなります。また、鼻汁やよだれで皮膚が赤くなってしまった場合は、その痛さから拭くのを嫌がることがあるので、そうなる前に、ワセリンなどを薄く塗ってカバーをすると良いでしょう。

theme
〈 06 〉

睡眠

★

　睡眠は、成長ホルモンの分泌を活発にさせ、生活リズムを形成するための重要な要素ですが、集団で生活する場であっても、一様に接することはできません。保育者は、月齢だけではなく個人差、その日の健康状態、家庭生活との連続性などを把握して、連携を図りながら日々柔軟に対応していきましょう。

point 1 ≫ リラックスへの配慮

　できれば、子ども自身が眠いと感じしぜんに入眠できることが望ましいですが、乳幼児期は自律神経の切り替え（交感神経から副交感神経へ）が未成熟なために眠気を不快に感じて不機嫌になり、ぐずり出すこともあります。子どもが眠そうだと感じたら、できる限り静かで安心できる環境を整え、子守歌、抱っこ、お気に入りのタオルなど、一人ひとりが異なるリラックスできる形を探りながら、心地よく入眠できる配慮をしていきましょう。

point 2 ≫ 安全で心地よい環境

　心地よい睡眠が十分にとれるように、寝る前にはおむつ交換や排泄をすませ、清潔で締め付けのない吸湿性の良い衣服に着替えさせましょう。子どもは、睡眠中に汗をかきやすいので、寝具も吸湿性の良い綿素材を使用し、部屋の温度、湿度、換気をこまめにチェックしてください。扇風機や空調の風が直接子どもに当たらないようにしましょう。また、睡眠中は、常に子どもの呼吸状態、顔色を観察するようにし、SIDSの予防に努めましょう。

point 3 ≫ 家庭との連続性

　睡眠のリズムは、個人差が大きいうえに、園と家庭生活との違いに影響を受けながら、睡眠時間を十分にとることは、乳幼児にとっては最も重要で大変な課題といえます。そのため、園生活に慣れ、体力がついてくるまでは、前日の家庭での睡眠時間や体調に応じて、一人ひとりの状況に合わせた生活の組み立てをする必要があります。また、入眠時の癖や習慣などの情報を家庭と共有しながら、安心して心地よく眠れるように工夫しましょう。

午睡の要点

うつ伏せで遊んでいるうちにしぜんと眠ってしまった場合は、SIDSの予防のため、必ず仰向けに戻すようにしましょう。また、仰向けで寝ている場合にも顔色や、吐き戻しがないか、寝具が呼吸を妨げてないかを5分おきを目安にチェックし、記録しておきましょう。

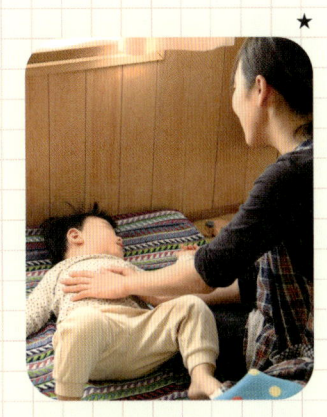

眠くなったら気持ちよく入眠できる手伝いをします。うまく眠れずにぐずる場合は、抱き方、心地よいリズムで体にふれる、歌うなど工夫しましょう。室温・湿度などが適正かも注意が必要です。
（室温目安：夏期26〜28℃
冬期20〜23℃、湿度目安：60%）

★

午睡は日中の休息なので、暗幕等で室内を真っ暗にするのではなく、薄いカーテンなどで直射日光を遮る程度でかまいません。また、食事中に眠くなってしまった場合は食事を中断し、口の中に食べ物が残ってないか確認してから寝かせるようにしましょう。

★

基本的には経験を通して自分の身体状態を自覚できるようになることが望ましいので、疲れたら横になると気持ちがいい、不快な時に保育者に抱かれて心地よい思いをしたなど、子ども自身の心地よい感覚につなげていく配慮をしましょう。

睡眠について

安心して楽しく遊び、空腹を満たすことで、心地よい満足感を得て、それが心地よい睡眠につながります。寝かせることに重点を置くのではなく、一人ひとりの遊びの充実感や楽しい他者とのかかわりが保障できているかを振り返りながら睡眠を捉えましょう。

Q 寝ることを嫌がり騒いでしまう場合にはどう接したら良いでしょうか？

A 　一斉に寝かそうとせずに、眠くなってきた子どもから環境を整えていきましょう。また、眠い子どもがいることを話し、静かに遊べる場所を確保して、あとからゆったりとかかわりながらリラックスの手伝いをすると良いでしょう。体をあまりつかわない遊びが好きだったり、体力があるタイプだったりすると、あまり日中の睡眠を必要としない子どももいます。さらには、家庭での睡眠の状況などが午睡に影響していることもあるので、家庭での様子を聞いてみることも必要です。眠れないのか、寝なくても大丈夫なのかの判断が大切です。

〈 07 〉

遊びの環境

子どもにとって安心できる慣れ親しんだ環境であれば、自分を取り巻くすべてのモノ・ヒト・コトが成長や発達を促す豊かな遊びの対象となります。しかし、興味の対象、好奇心の表し方、感じ取り方などは一人ひとり異なります。豊かな遊びにつながる環境は、保育者の子どもの特性を捉えるまなざしから生まれます。

point

1 ≫ 快適な環境

乳児は共感性が高く、他児の生理的な不快や不満足な声や泣き声は、共鳴し合って落ち着かない雰囲気をつくりだしてしまいます。まずは、そこに暮らすすべての子どもが快適な環境の中で、生理的欲求が十分に満たされるよう配慮しましょう。そのためには、一人ひとりのその日の生活リズム、健康状態を家庭との連携を通して把握したうえで工夫、対応し、子どもたちが安心して好奇心豊かに遊びを展開できる環境を整えることが大切です。

point

2 ≫ 安全・清潔への配慮

玩具や遊具の配置、数量などは、発達や興味に応じて工夫し、満足して遊び込めるように用意します。乳児の場合は、口に入れやすいので、こまめに洗えて、消毒しやすい素材であることが好ましいです。また、子どもの遊ぶ様子や行為に丁寧に目を向けることで、傷みやすい箇所を予測し、早めに対応することができます。破損やささくれ、ひび割れ、部品の欠損、塗料の剥がれなどについては、定期的に確認する習慣をもつようにしましょう。

point

3 ≫ 心地よいかかわり

保育者は、保育環境全体が、子どもにとって生活の場であり遊びの場であることを意識し、玩具はもとより、生活用品も含め、質感、色合い、音の響き、感触などに心地よさを感じる配慮が必要となります。興味や好み、発達の個人差も把握しながら、環境を整えるようにしましょう。また、他児との心地よいかかわりは重要な遊びとなるので、安心・安全への注意を払いながら、子ども同士の心地よい関係性をつないでいくことも保育者の重要な役割の1つです。

明暗、広狭、高低など、環境を通して様々な感覚を味わうことができる工夫された保育室の構成を心がけましょう。また、子どもにとって安らぎの場であるためには音が響かないように、畳、敷物、仕切りなどで騒音環境にならない配慮が重要となります。

季節を感じる、香り、彩り、木々の変化など、五感をつかえる場所の保障や、じっくり遊びたい子どもと活発に遊びたい子どもの尊重（静と動の共生）、子ども同士がぶつからない動線、ぐるぐる回ることのできる環境（回遊性）づくりを心がけましょう。

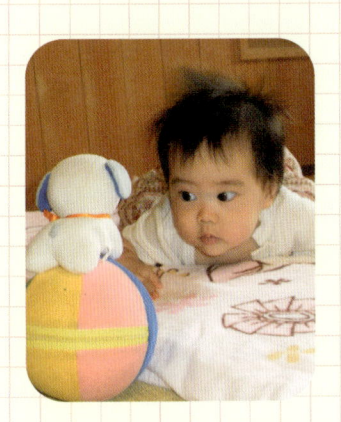

一人ひとりに興味の違いや好みがあります。一方的に与えるのではなく、いくつか種類の異なるものを置いて興味を示す様子を見ると、その子らしさや発達が見えてきます。一方的に"遊んであげる"かかわりにならないように注意しましょう。

子どもは生活の中のすべてのものが遊びの対象に見えています。また、"同じものをたくさん"も大好きです。そのために、取り合いのトラブルも起こりやすくなりますが、身近な廃材や不要になった生活用品などを活用し工夫しましょう。

保育者の指示や命令がなく、一人ひとりの興味・関心を尊重する保育では、友だちがおもしろい遊びをすると、敏感に気付き模倣します。友だちの遊びから学ぶことは創造性を刺激し、子ども同士の関係性を強め、遊びが豊かに発展していきます。

 Q **乱暴な遊びをする子どもには
どのように接したら良いでしょうか？**

A まず、その行為が気持ちの発散をしようとしているのか、好奇心からなのかを見極めることが必要です。体力をもて余している、保育室の騒がしさにイライラしている、または家庭環境が不安定である、体調に不快さを感じる変化があるなど、子どもの行為には、必ず理由があります。一方的にその行為をやめさせることでは根本的な解決にはなりません。そのため、周辺の様子を丁寧に見直し、心当たりが見つかったら、それを解決する対応が結果的にその子どもの心の安定につながっていきます。

遊び

乳幼児期は、大人よりも優れた五感をつかって、自分の周辺にある、モノ・ヒト・コトから感じることを通して遊び、生活全体の経験から学んでいるという捉え方が重要です。遊びの場面に限定せず、養護と教育を一体的に行う視点で、一人ひとりの興味の特性を尊重した配慮を心がけ、学びを保障していきましょう。

point

1 》 発達に合った工夫

　追視ができる、目と手の協応、寝返りや座位の安定、つかむ、つまむなど手の使い方、はいはい、一人歩き、段差をよじ登る、走るなど、一人ひとりの体の発達に応じた遊びの環境を整えます。そして、子どもの目の動き（興味の方向）、体の使い方や動きの特性を把握することから、安全で主体的に遊べるように配慮していきましょう。玩具の重さ、素材、配置など、月齢によっては危険になることもあるので注意が必要です。

point

2 》 興味・関心に応じて

　音、色、感触、事柄などの興味・関心には個人差があるので、まずは日頃の子どもの自発的な動きに丁寧に目を向けて、その子どもの特性を見つけられるように過ごしましょう。保育者からの働きかけやかかわりにどのような反応を示すのか、一人ひとりの表現や表情の変化を見逃さないようにしましょう。また、子どもが集中して取り組んでいる時には、安心して取り組める環境づくりを心がけていきましょう。

point

3 》 人とのかかわり

　遊びを通して学ぶには、心身の安定した状態が重要になるため、日々の保育者との心地よいかかわりや遊びも重要となります。しかし、基本的には乳児期から、自ら遊ぶ力をもっているため、「遊んであげないと遊べない存在」ではないという保育者の認識が重要となります。周囲の子どもとの遊びやかかわりを、無理のない範囲でつなぎ、子ども同士の遊びがお互いの好奇心を誘ったり、心地よい刺激になるように配慮していきましょう。

子どもは、玩具だけでなく生活空間の中に起こる様々な変化に大人よりも敏感に気付き、そのことに興味・関心をもつことが遊びであり学びでもあります。子どもが自ら気付いて集中している時は、静かに見守りつつ共感を心がけましょう。

興味をもつ事柄やものは、子どもによって異なります。保育者は、子どもの柔軟な発想や捉え方を尊重し、何をどんなふうにおもしろいと思っているのかを理解しようとしつつ、適切に援助し、学ぶ意欲やその子らしさを尊重しましょう。

園での遊びは、家庭では使う機会の少ない素材と経験できない体験を保障できます。友だちと楽しさを共有することで、刺激し合い、発想の豊かさへとつながっていきます。玩具の使い方やかかわり方はできるだけ子どもたちに任せてみましょう。

同じ玩具で遊んでいる時に、一人ひとりの個性やモノの捉え方の特性が玩具へのかかわり方や表現の仕方に表れやすいので、「上手」「下手」という評価のまなざしではなく、丁寧に見極めるまなざしが大切です。

見立て遊びや、遊んでいる時のつぶやきなどに、子どものものの捉え方や感じ方が表現されています。できるだけ、玩具の配置や数や、種類を工夫し、余計な取り合いが起こらないよう、環境や遊ぶ人数に配慮しましょう。

Q　いたずらに見える行為をどこまで見守るべきでしょうか？

A　0・1・2歳児の場合、扱い方によって危険になるものは置かないことが鉄則です。そのうえで、1・2歳児の場合は、危険なことは「投げると危ないから」など、きちんと目を見て、丁寧に言葉で理由を伝えて止めなければなりません。叱られるからやらないのではなく、理由を伝えることで、同じような場面で自ら注意ができるようになるからです。危険でない場合は、止める前に、何を知りたがっているのか、どんなことをおもしろいと感じているのかを、保育者は目と心を動かして、知ろうとすることが大切です。

健康

　母体からの免疫がなくなり、新たな免疫を獲得していく０・１・２歳児は、様々な感染症にかかりながらも、健やかな心身の発育、発達を保障していく時期です。その

ため、集団で生活する保育の場では、清潔で安全・安心な環境を整え、食事や睡眠など一人ひとりの生活リズムを把握し整えていくことが基本となります。

point 1 ≫ 乳幼児期の特性の理解

　この時期の発達の特性としての未熟性は、疾病にもかかりやすく重症化もしやすいため、登降園時、着替え、おむつ交換時など常に一人ひとりの心身の状態の確認が必要です。また、食欲、睡眠時間、排尿便の状態などの記録も健康状態を判断する重要な目安となります。また、家庭生活との連続性も考慮し、日中の生活に無理のないように配慮しましょう。また、個別に配慮が必要な場合もあるので、日頃からの看護師・嘱託医との連携も重要となります。

point 2 ≫ 保育者も保健的知識を

　予防接種の種類や接種状況の把握、乳幼児がかかりやすい感染症等、保育者も保健的知識をもつことは、子どもの日常の健康チェックや危機管理の意味で重要となります。流行時だけでなく、研修などで最新の保健的な情報を入手し、確認する習慣をもつようにしましょう。また、園で長時間保育になる場合、保育者はシフト制で子どもとかかわることになるので、保育者間の連携、連絡を密にし、伝達漏れが起こらないように注意が必要です。

point 3 ≫ 保護者の不安軽減

　体調を崩しやすい乳幼児の子育ては、保護者にとっても不安や心配が多いものです。また、保護者自身も子どもから感染する率が高くなり、家庭内が大変な状況になりやすいので、園で早めに情報開示し、保健情報を印刷物等で配布し、対処法や心構えなど、保護者の不安を軽減するための援助をしていきましょう。また、安定した心身の状態や生活リズムと健康の関連、そしてその重要性について、家庭との連携を通して伝えていきましょう。

おむつ交換台、沐浴槽、汚物流しなどは、常に清潔に保つように徹底するための工夫が必要です。子どもの鼻水や唾液を拭き取ったティッシュは、ポリ袋に入れて速やかに処理し、保育者のエプロンのポケットには入れないようにしましょう。

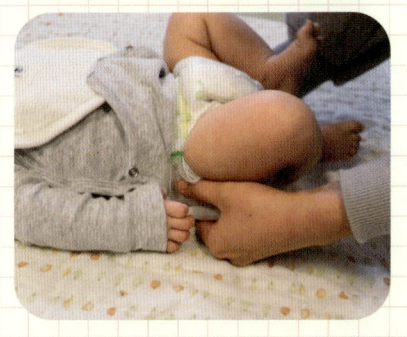

乳幼児がかかりやすい感染症には、発熱、発疹の症状が出るものが多いので、着替えやおむつ交換などで子どもの体にふれた時の体温の感覚をつかんでおきましょう。発疹は、腹部、臀部周辺、掌、足の裏に出やすいので、その都度見る習慣をもちましょう。

子ども同士が相手の目を見ながらコミュニケーションをするように、保育者も子ども一人ひとりと目を合わせながらかかわりをもつようにすることで、目の充血、目やに、鼻汁の色、湿疹など、いつもと違う様子に気付くことができます。

子どもがのびのびと自分の気持ちを表現し、安心して自分のしたいことに取り組むことができる安全な環境は、子どもの心身を安定させ、免疫力を高めるので健康にも直結します。一人ひとりに温かく応答的なかかわりを心がけましょう。

子どもの体調不良は、保護者が最もストレスを感じ、不安になる状況です。子どもの些細な変化に気付く丁寧な保育者のまなざしで、早めの対応や適切な配慮ができることは、保護者からの大きな信頼を得ることにつながります。

Q 子どもの急な体調不良を保護者に知らせる時に どんなことに気をつけたら良いですか？

A 　周囲で感染症が流行していたり、前日から、または数日間、子どもの機嫌が悪いなど、いつもと様子が異なる場合は、体調が崩れる可能性があることを踏まえて、事前に保護者と確実に連絡が取れる方法を確認しておきましょう。保護者の都合によっては、保護者から園に電話を入れてもらうようにするのも良いでしょう。また、症状の伝え方は、保育者の判断や主観を交えないように検温時間、症状などをできるだけ具体的に伝え、お迎えや受診の必要性については、保護者と相談しながら判断しましょう。

theme 〈10〉

生活習慣

乳幼児においては、発育・発達の個人差や特性に配慮された環境とかかわりの中で、心地よい体験を積み重ねていくことから次第に生活習慣が身についていく時期といえます。大人が決めた時間や形に当てはめていくことではなく、一人ひとりの快適で適切な生活習慣があるという理解のもとで援助していくことが大切です。

point 1 >> 応答的環境

乳児期は、特に心地よさが基本であり、おむつ交換や沐浴、着替えや寝具の清潔など、丁寧なかかわりの中で不快から快への心地よさの感覚を欲するようになることで生活習慣が身につきます。そのためには、保育者には、子ども一人ひとりの置かれている生活環境や生活リズムの把握、応答的な対応と環境の配慮が必要不可欠です。1・2歳児は、習慣づけを急ぐことで、逆効果になることもあるので、意欲や興味の尊重も重要です。

point 2 >> 柔軟な個人差への対応

くり返し同じ行為をさせることで生活習慣をある程度身につけさせることもできますが、本来は、そうすることが心地よさにつながるという感覚が育つことに意味があります。大人よりも五感が優れている乳幼児期は、様々な感覚でモノやコトと出合っているので、子どもによってはこだわりや恐れ、不快感などを感じていることもあります。子どもの感じ方に共感的な対応を心がけ、画一的な行為の押し付けは避けるようにしましょう。

point 3 >> 生活文化の違いを理解

保護者の生活文化、宗教、国籍などの違いによって、子どもの生活習慣も影響を受けます。まずは、保護者と子どもの心配事、不安をありのままに受け止めようとする姿勢を心がけて、安心できる保育体制を配慮し、そのうえで信頼関係を築いていくようにしましょう。保育者は、そのことを困ったことと捉えるのではなく、その家族がもつ生活習慣の中から、保育に活かすことができる可能性などを学ぶ姿勢も大切です。

同じような体験や遊びをしていても、感じ取るものや、空腹感、疲労感には大きな違いがあり、毎日同じということはありません。乳幼児期は、一人ひとりの心地よさを優先したかかわりの積み重ねのなかでやがて生活習慣へとつながっていくのです。

汚れたり濡れたりした衣服を着替えた後の心地よさから、清潔への意識が芽生え、その行為の意味を理解し、自ら積極的に着替えようとする感覚が育つようにすることが大切です。大人の指示通りにできることや、時間になったらする行為ではありません。

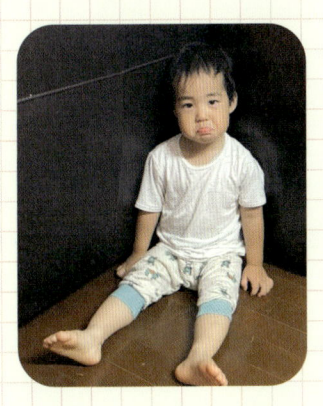

育て急がないことが重要

一般的に「イヤイヤ期」と言われるこの時期は、特に家庭での生活習慣にかかわる子育ての悩みが多くあります。保育者にとって、子どもの思いを代弁しつつ、楽しく徐々に身についていく重要さを保護者に伝えていくことが大切な子育て支援です。

左右別々の靴を履いたり、帽子をいくつも重ねてかぶったり、一見困った行為に見えることも、実はモノの仕組みや特性をわかろうとする行為です。このような経験を通して自発性が育まれていきます。目先の出来栄えを急がないようにしましょう。

感染症など病気にかかりやすいこの年齢では、食事量や睡眠、機嫌も体調の影響を受けやすく、生活習慣を身につけるために、いつも同じ行為が適切とは限りません。子ども一人ひとりの変化を見逃さず、臨機応変な対応が大切です。

Q 家庭での生活習慣、園での子どもの様子も気になります。どのように保護者に伝えると良いでしょうか？

A　この状況で、最も困っている人はだれでしょうか？　子どもですね。そして、保護者自身も仕事や家庭の事情で余裕がなく、子どもの生活習慣を理想的にできないこともあると理解し、保育者はまず、保護者の育児姿勢を批判する前に、子どもが困っていることに対して、保育者として園としてどのようなことができるかを工夫してみましょう。そのうえで、子どもにとって大切なことを保護者と共有していく姿勢を心がけながら、わが子のために保護者自身もできることをしようという気持ちの余裕が生まれてくることを願いたいですね。

〈 11 〉

コミュニケーション

　子どもが自分に備わっている力を十分に発揮して生きていくために、周囲の人とのコミュニケーションは必要不可欠です。それは、愛着の形成、認知力、言葉、心の発達、生きる喜びや意欲にも大きくかかわってくるからです。そのために乳幼児の保育では保育者の子どもとの応答的なかかわりが大変重要なのです。

point

1 >> 子どもの育つ力を信頼

　胎児の頃から備わっている生理的微笑は、コミュニケーションを引き出す力が生まれながらに備わっているということです。また、「泣く」ことも、自分への働きかけを引き寄せる大切なシグナルとしての行為です。それは成長と共に変化しますが、周辺の大人ができるだけ速やかに、的確に応じていくことが基本となります。しかし、時には子どもの意志を尊重し、見守るという行為もコミュニケーション欲求の育ちのために重要なかかわりです。

point

2 >> 個と集団の捉え方

　集団生活する場だからコミュニケーション力が必要という考え方ではなく、一人ひとりがより良く生きていくために必要という考え方が重要です。そのためにまずは一人ひとりが安心して受容されているという感覚が安定的に保障される環境から、コミュニケーションの心地よさが育れていくことを保育者間で共通理解しておきましょう。また、子ども同士の関係性も、うまくいかない経験を活かしつつ育まれていくので、育て急がないようにしましょう。

point

3 >> かかわる楽しさを

　コミュニケーションとは対話的かかわりということです。保育者の一方的なかかわりにならないように、まずは、子どもが求めていることをわかろうとする、大人の丁寧でゆとりあるかかわりの姿勢が大切です。保育の中での子ども同士や保育者との関係性は家庭でも活かすことができます。子どもが人とかかわることの楽しさやおもしろさにつながっていくように、家庭とのコミュニケーションも工夫していけると良いですね。

コミュニケーションは、0歳児にもあります。例えば、目の前の玩具に見向きもせずに、友だちに目を向けながら声を発したり、じっと見つめたりします。保育者は座る位置、かかわるタイミングなどに注意し、友だちへの興味を遮断しないようにしましょう。

友だちのしていることを模倣することもコミュニケーションです。その行為のおもしろさを発見して、同じようにすることでお互いの心のつながりが生まれるからです。保育者主導型の遊びではこの力を育て損ねる可能性があるので注意が必要です。

だれかが困っている時に助けようとする優しさは、優しくされた経験からしぜんに身についてくるものです。子どもは、周囲の人のかかわりを見て他者とのかかわりを学んでいるからです。保育者の行為が見本になっていることを意識しましょう。

コミュニケーション力が育つには、安心・安定した環境の中で、自分の気持ちを相手に伝える力、相手の気持ちや状況をわかろうとする力が必要です。保育者は、その橋渡しや代弁をしつつ、子ども同士のかかわり合いを見守ることが大切です。

乳幼児は、コミュニケーションを通して徐々に他者とのかかわり方を学ぶ時期です。トラブルを起こさないようにするのではなく、思い通りにいかないことを経験しながら、その経験が次に活かされることを意識した保育者のかかわりが大切です。

Q トラブルのない保育をするにはどうしたら良いでしょうか？

A　人はみんな違っているので、大人同士でもトラブルは避けられないものです。コミュニケーション力とは、自分の気持ちを抑え込んで相手に合わせることではなく、自分の思いがきちんと表現でき、相手の思いをわかろうとしながら調整する力です。乳幼児期は、その練習の時期です。「ごめんね」「いいよ」など、言葉だけの表面的なやり取りを教えるのではなく、「どんな気持ちだったのか」「どうしたかったのか」などに共感的に保育者がかかわっていくことで、子ども同士の共感性も育まれていき、不必要なトラブルを避けられます。

theme

〈 12 〉

保護者との連携

子どもの健やかな発育・発達や安心・安全を保障していくうえで、保護者との連携は欠かせません。ことに0・1・2歳児は、自分の状態を正確に言葉にして伝えることが難しい年齢ですので、かかわりをもつ大人の共通理解や連携が必要不可欠です。園全体で家庭との対話的な関係性を心がけることが求められます。

point 1 >> 相互理解と共感

保護者との相互理解では、子どもの最善の利益を考えることが不可欠です。保育者は専門的知識や技術を活かして、子どもへの共感的なかかわり方や視点を提供しつつ、保護者が子どもを養育する姿勢や意欲を支えられるようにしましょう。特に、0・1・2歳の子育ては、親になりたての不安が反映されやすいので、保育者の共感的、応答的な対応と丁寧さ、誠実さが求められます。その際、保育者は価値観を押し付けることのないよう注意が必要です。

point 2 >> 家庭の特性と連続性

子育て支援においては、親子関係と家庭や保護者の状況把握と理解が重要となります。その際、プライバシーの保護や守秘義務を前提に、親子関係の日々の変化に受容的で共感的に対応することが求められます。各家庭の保護者のあり方を比較することなく、特性として尊重しながら、家庭にはない園生活の特性も活かして、子どもの育ちを支えていくと、それが相互の信頼関係につながり、子どもにとって安心で安全な環境となっていきます。

point 3 >> 共に育ち合う喜び

子どもの発育や発達だけでなく、親になった喜びや子育ての楽しさを感じてもらい、共に育ち合う関係性構築のための支援が、保育者の役割として大切です。それが、保育者の成長にもつながります。そのためには、家庭では見ることのできない子どもの様子やその子らしさ、他児とのかかわりなどを通して、保護者に成長を丁寧に伝えていく配慮や努力をしていきましょう。子どもにとっても保護者にとっても安らぎの場となるような園づくりが求められています。

人とのつながり、地域とのつながりの希薄さから、孤立感を強めて育児不安が高まる傾向にあるので、園の行事等を通して、地域の伝統文化や季節の楽しみなどを体験してもらう機会にして、保護者同士の関係性も深めていけると良いでしょう。

家庭ならではの遊びと、園だからできる遊びや経験があることを、工夫しながら丁寧に伝えていきましょう。その際に、出来栄えの比較や評価は避けて、その子らしい表現をとり出し保育者が解説することも、保護者の安心と信頼につながります。

安らげる
温かい
場所

保護者が、わが子だけでなく一緒に過ごす子どもたちへの興味や関心を広げ、家族的感覚でかかわりがもてる工夫をしていきましょう。そのような保育環境では、子ども同士のトラブルにも理解が深まり、親子の成長にもつながっていきます。

子ども同士のほほえましい関係を伝えて喜びを共有します。その子なりのこだわりや特性、体調などに対して個別的に温かくかかわってもらえることは、保護者にとっては、子どもが無理を強いられていないという安心と園への信頼につながります。

登降園の親子の様子からは、親子関係、保護者の状況がありのままに見えてきます。さりげなく、親子のやり取りや表情などに目を向けて、大変そうな時には手助けをすることも、子どもの心を育て、子育て支援を行う保育者の役割です。

Q クレームの多い保護者にはどう接したら良いのでしょうか？

A　保育者にとって保護者からのクレームはつらいことですが、立場を変えてみると、保護者にとっては困っていることです。伝え損ねていることはないか、誤解を招く行為はなかったか、連絡帳などの表現はどうかなど、保育者自身の対応を振り返って見直すことがまずは大切です。不満に思っていることを表現してもらえることは、保育の改善につながることですので、「伝えてくれてありがたい」と真摯に受け止め、できることは改善していきましょう。そのうえで、"子どもにとって"を中心に共に考え合う関係性を心がけましょう。

豊かなかかわりの
ためのヒント

遊びの環境／遊びが広がる素材／
月ごとに考えるかかわり方ガイド／おすすめガイドライン・書籍

遊びの環境

〈 室内 〉

保育室の環境設定は、乳幼児の経験の質に影響し、心身の発達に大きく影響すると共に、保育者の子ども理解の視点や保育観が表れるともいえます。子どもの遊びや生活がより豊かなものになるように、工夫していきましょう。

一人ひとりが安心して落ち着いて過ごすことができる

集団で過ごす場所だから子どもの行為がよく見えるように、トラブルがないようにと、とかく広い空間を作ったほうが良いと考えがちです。しかし、それは逆効果です。乳幼児は、選択的に音を聞くことができないために、混じり合う音環境では落ち着いて過ごすことができず、大勢の人の動きが同時に目に入るとその情報を処理しきれずに不安になるからです。3〜4人で過ごせるようなコーナー作りの工夫をすると、発達の違いに応じることができ、子ども自身が居心地の良い空間を選べることで、家庭のような雰囲気になります。また、自分のペースを守れることでの安心感が生まれ、興味のあることに集中して取り組める環境になります。

清潔で安全

0・1・2歳児の保育室の生活用品や玩具をよく見ると、思いがけないところに噛み跡がついていたりします。なんでも口に入れる時期ですので、感染症の蔓延を防ぐ意味でも、清潔を心がけましょう。また、飲み込む危険がないように玩具や絵本、家具・生活用品の大きさ、素材、破損がないかなどの点検を毎日するようにしましょう。口に入れやすい玩具は、使用後にその都度、保育者が洗うことを習慣にします。また、生活用品や玩具に噛み跡がある場合は、だれがどのような時につけているかを確認して、言葉を添えて噛まないように子どもに伝えていきましょう。

遊びが豊かに発展するように

0歳児は、心地よさと安定感の中で自ら手を伸ばしたり、自分で興味のあるものに向かって移動してみたくなるよう、魅力的な玩具の配置や素材、数を発達に応じて工夫しましょう。1・2歳児は、同じようなことに興味のある他児との無理のないかかわりの中で、ワクワクしながら遊びが展開できるスペースの工夫も大切です。そのためには、つまむ、引っ張る、叩く、落とし込むなど指先を使う遊び、じっくり考えながら集中できる遊び道具、模倣やごっこ遊びが自由に展開できる道具の配置、子ども一人ひとりの感性や好みなどを考慮したものなどを準備すると良いでしょう。

★1

五感をつかう
玩具・生活空間

子どもは五感を通して多くのことを学びます。まずは、子どもだけでなく大人にとっても心地よく感じる環境であることが大切です。そのうえで、狭い・広い、細長い・幅広い、明るい・暗い、高い・低いなどが感じられる保育室の工夫、ふわふわ、ざらざら、つるつるなど感触の違い、匂いの違い、「そっと」や「思い切り」などの力加減、心地よい響きや不快な音など、玩具や生活道具を通して、子ども自身が自分の感覚を使って様々な体験・遊びを通して豊かに学ぶことができるよう工夫しましょう。

音環境への配慮

子どもの聴覚は大人よりも敏感で、混ざり合う音の中では選択的に聞くことができません。そのために、保育室の音環境は、子どもの遊びへの集中や学ぶ意欲、心の安定に影響し、重要な配慮が必要です。ポイントの1つとしては、不安や不満のある他児の泣き声は、本人だけでなく周囲の子どもの遊びに向かう気持ちにも影響するので、共感的に温かく応答するということです。そうすることで周囲の子どもも安心して遊びが続けられます。また、様々な生活音が響き合わないように、保育者の動きや声、できるだけ余計な動きをしないですむような心がけも大切です。建物の構造上、音が反響しやすい場合は、壁や天井に吸音性のある素材を貼ったり、布、クッションなど柔らかな素材を置くことなどの工夫も必要です。

意欲や思いが満たされる

じっくり遊ぶ、元気に動き回る、ほんわか過ごしたい、静かに休みたいなど、子どものその日の思いや体調などに合わせることができる環境は、子ども自身が自分の体の状態を自覚しやすいので、安全で無理のない環境となります。子どもにとって、園は頑張る場所ではなく、生活の場でもあり、家族とは異なった人とのふれ合いの場でもあり、養護と教育が一体的に行われる学びの場でもあります。一人ひとりが心地よく満たされた思いの中で、意欲的に過ごすことができるような配慮された環境にしましょう。

★1 幼保連携型認定こども園 西田地方保育園

回遊性

子どもの遊びや生活の中での動線が重ならない工夫、すれ違いにくい幅や行き止まりを極力なくし、回遊性を意識することで、限られた環境の中でも広がりや安心感、安定感が得られ、また、ワクワクできる環境にすることができます。家具や玩具棚の配置、玩具を置く位置などを工夫して、不必要なトラブルを避けることで、保育者の対応に余裕が生まれます。

★2

時には熱心に
一人遊びができる環境を

状況が許される時は、あえて静かな環境の中で、周囲のことに巻き込まれることなく黙々と自分の感じたままに遊ぶことは、満足度が高い遊びになります。保育者は余計な声をかけずにさりげなく見守るようにしましょう。その際に、子どもがうまくいって満足したり、どうしようか迷ったりして保育者のほうを見たら、目を合わせて共感の言葉をかけると、さらに安心して遊びが豊かになっていきます。

保育者の否定的な言葉が
不要な環境

子どもが自ら注意深くモノとかかわる機会を遊びや生活の中につくることで、周囲の変化に敏感になり臨機応変な対応ができるようになったり、加減を知ることに加えて問題解決力が育まれるようになり、保育者の否定的な言葉も不要になります。

★2 かほるこども園

〈 園庭 〉

大人よりも敏感な感覚をもつ乳幼児は、戸外では風、匂い、光、室内とは異なる音、視界の広がりなど、たくさんの刺激を感じ取ることができるので大好きです。しかし、戸外での遊びは、まずは安心・安全に配慮されていることが重要です。そのうえで、室内遊びとは異なり、豊かに感覚が刺激される心地よい場所となるようにしましょう。

五感が豊かに刺激される

太陽の光の心地よさ、花の香り、土、葉っぱの匂い、木々の葉のざらざら、つるつる、ふさふさする感触、そして、水の感触や輝き、砂、雨のしずく、そよ風の音や肌にふれる心地よさなど、自然界には一定ではない心地よい刺激がいっぱいです。余計な言葉をかけすぎないように配慮しながら、子ども一人ひとりの感じる世界の違いを見極めたり、感じたことをどのように表現するかをおもしろがって一緒に楽しむ保育者でありたいものです。

季節感

季節感のある園庭環境は、「まだ赤ちゃんみたいに小さいね」「実がなったね」「赤くなってきたね」「いい匂いがしてきたね」など日々のつながりのある生活の中での小さな変化に気付くおもしろさや、注意深さを育む経験になります。また、色や形の変化による植物の成長のすごさやたくましさ、生命のつながりへの気づきを学ぶことができる環境となりますが、そこには、保育者の Sense of Wonder（センス・オブ・ワンダー）が必要不可欠です。

多様性

植物の葉の形、香りや色の違い、大小、成長の違い、身近な生き物との出合い（アリ、テントウムシ、チョウチョウ、カタツムリ、ダンゴムシ、ミミズ、カナヘビ、トカゲ等）を通して、親しみながら多様性をしぜんに受け入れる経験の場。さらには、生命の不思議さや尊さを感じながら、他児との感じ方、興味・関心の違いを認め合う経験ができます。

安全にのびのびと

木製遊具は、ささくれや乾燥による割れなどが起こりやすいので、安全な植物油などを使って、定期的なメンテナンスと点検を怠らないようにしましょう。また、なんでも手にしたものを口に入れやすい時期ですので、小石、木の実など小さいものが落ちているところは、注意深くその都度「口には入れないでね」と伝えて、安全への意識を育むチャンスとしていきましょう。

ワクワクドキドキ

実のなる木があると、小鳥が遊びに来てくれるのでワクワク。風が強い日の木の枝のそよぎにドキドキ。なだらかな傾斜を慎重に上り下り。小さな段差を注意深くクリア。植物や木製遊具で工夫されたトンネルをくぐる、など工夫された園庭は、たくさんの世界を味わうことができます。

回遊性

0・1・2歳児期は、広々としたところよりも、広すぎない空間で、植栽や遊具の位置を工夫して回遊できるようにすると、子どもたちはのびのびと広がりを感じながら動的な遊びへの意欲が満たされます。反対に、集中して遊ぶ砂場遊びなどは、じっくり取り組めるようなエリアにすると、静的遊びと動的遊びのすみわけができるので、子どもにとって心地よい空間になります。

だめと言わないですむ環境

感じる体験が多くできる園庭は、子ども自身が小さな変化に気付き、注意深さも身についてきます。保育者は、自分自身の感性のアンテナを立てて、子どもと共に感じる空間になるように心がけると、否定的な言葉や先走った言葉を減らすことができるでしょう。

調整や加減が学べる

時間経過の中で、植物の成長の様子を楽しみにしたり、実をそっと摘み取ったり、思い切り力を入れて土を掘ったりと「待つ」ことの意味や力加減、ちょうどいい塩梅などの体験ができる園庭は、人とのかかわりや相手の様子を知ろうとすることにも活かすことができます。

遊びが広がる素材

0歳児でも、環境の中から自分で興味・関心のあるモノに手を伸ばしてかかわろうとします。
また、同じ年齢でも発育・発達の違いや興味・関心の個人差、好む遊びや玩具が異なります。
そのために保育者は、子ども一人ひとりの目や手や体の動きをよく見ながら、
どのようなところ（色や形、素材、大きさ、音など）に興味・関心を寄せているかを知ろうとすることが、
遊びの環境を整える時には重要です。

布

素材（綿、絹、オーガンジー、ポリエステル、ウール）、感触（サラサラ、ガサガサ、つるつる、もこもこ、ふわふわ）、柄、色合いなどが、五感を刺激してくれます。どのような素材を好んで使いたがるかを見ているとその子どもの個性が見えてきます。

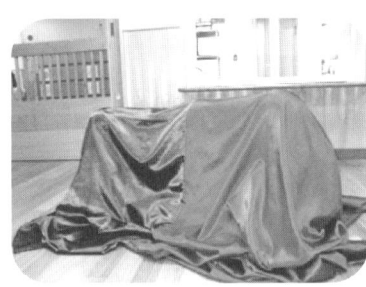

ヒモ・ロープ・チェーン

色の好み、指先を使う感覚、自在に形が変化する素材。子どもの創造性に任せると、大人のほうが驚かされる使い方に出合えます。

木

木ならではの感触、音、ぬくもり、匂い、重さなどの心地よさを感じながら遊べます。変形しにくい素材なので、その法則性を活かして遊ぶことができ、この心地よさも豊かな表現力を誘います。

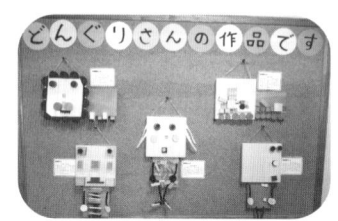

ポリ袋・ペットボトル・牛乳パック等

柔らかい感触、軽さ、大きさを感じながら大胆に遊べる素材です。色、音、全身を使ってワクワク感、危険なく思い切りを楽しめます。

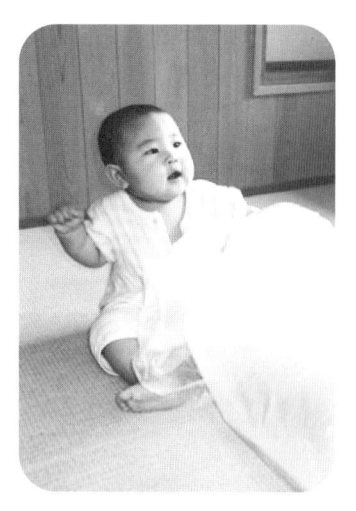

月ごとに考えるかかわり方ガイド

気候や環境、生活リズムの変化により保育者の配慮事項は変わってきます。
月ごとの配慮のポイントを押さえてかかわりを工夫していきましょう。

4月のかかわり

ゆったりと温かく「大丈夫よ」の心がけがみんなを安心に

子どもや保護者だけでなくだれもが緊張している4月は、保育者一人ひとりが落ち着いた動き、声や言葉の調子、雰囲気づくりを心がけることが何より重要です。園生活に「早く慣れさせよう」としがちですが、「一人ひとりが園で安心できる」配慮を心がけるほうが、確かな形で全体に落ち着いた雰囲気になります。

5月のかかわり

焦らず、決めつけず、丁寧に、わかろうと心がける

4月の緊張感が少しずつほどけてきて、子どもも保育者も、状況や関係性、一人ひとりの特性が見えてくる時です。反面、緊張で表現しきれていなかった感情が、思いがけない行為や行動で表現される時でもあります。結果を急がず、「どうしたかったの？」など、子ども理解を深める姿勢や言葉を心がけましょう。

6月のかかわり

子どもの見方を変えて、子どもの味方になる

湿度の高いこの時期は、大人も子どもも生理的な不快感を覚えやすいものです。そういう時こそ季節を活かした遊びを工夫し、子どもたちの遊びがさらに深まるようなかかわりを保育者もワクワクしながら考えてみましょう。子どもの興味・関心に合わせて、シャボン玉、水や水滴の不思議、水に浮くもの沈むものなど、季節の特徴をポジティブに捉えましょう。

7月のかかわり

無理なく、心地よく、さわやかな保育は、安心で安全

初めて夏を体験する0歳児をはじめ、乳幼児は、2回、3回と日本の暑さを体験しながら、汗のかき方や水分補給等で体が体温調節を学ぶ時期です。しかし、暑さは体力を消耗させますので、基本的には避暑を心がけましょう。空調の温度調節や沐浴、シャワーなどで清潔さや心地よさに配慮することも安心・安全へつながります。

8月のかかわり

"同じ"の中に違いを見つけ、"異なる"中に同じを見つける

一人ひとりの表情、動き、機嫌、体調などの変化に気をつけながら、この季節ならではの遊びも取り入れ、感じることを通して発見している子どもの姿を見落とさないようにしましょう。環境を整える時の、「どのようにかかわるかな？」「どれに手を伸ばすかな？」「どんな表現をするかな？」というまなざしは、保育者自身の「発見」にもつながります。

9月のかかわり

だめな自分を笑えるようになると、他者に優しくなれる

季節の変わり目は、子どもたちだけでなく大人もつらい時期ですので、まずは、保育者自身の自己管理が大切です。また、子どもによっては、家族のだれかが体調を崩すと、その影響を受けて不安定になることもあります。特に、登園時の小さな変化を見逃さないように心がけて、判断が表面的なものにならないようにしましょう。

10月のかかわり

小さな気づきが大きな信頼に

秋は、家族や地域での様々なイベントがあり、乳幼児にとっては、家族の都合に振り回されやすく、生活リズムが乱れたり、疲れやすくなったりする時期でもあります。「大人の楽しみや気分転換」と「子どもにとって」を上手に使い分けるための情報や工夫のアドバイスが大切です。

11月のかかわり

わかった気にならずに、わかろうとし続けることが大事

秋から冬へ季節が移り替わるこの時期は、木の実、落ち葉、豊かな色合い、繊細な音、香り、味、刻々と変化するものなど、自然からの贈り物がたくさんあります。固定観念にとらわれず、保育が言葉に頼りがちになっていないか見直し、保育者自身も五感で感じる世界を子どもたちと共に楽しみましょう。

12月のかかわり

みんなの幸せは、小さな温かい気持ちの積み重ねから

行事やお楽しみが多い12月は、大人がどことなく気ぜわしくなりやすく、子どもの変化を見逃しがちです。子どもの様子がいつもとちょっと違うと感じた時は、記録しておいたり、保護者に「もしかすると体調を崩す前兆かもしれません」と伝えておいたりすると、早めの配慮になるので保育者への信頼につながります。

1月のかかわり

希望とは、今を超える願いを諦めずにもち続けること

年末年始のお休みの後は、子どもも大人も生活リズムが崩れがちなので、体調の変化に配慮しながら整えていきましょう。また、親戚や外出先など家族以外の人とのかかわりが多い時期なので、子どもたちの経験や語彙が豊富になっているものです。一人ひとりとの丁寧な対話を通して、成長の喜びを共有しましょう。

2月のかかわり

ほんの少しの温かさが、優しさを増殖させる人の心の不思議

寒さが厳しい季節の登降園は、子どもにとっても保護者にとってもつらさや大変さが増すような気持ちになるものです。保護者が迎えに来た時に「ここに来るとホッとする」という温かさを感じる工夫が園でできると、疲れた保護者が気持ちを緩め、子どもに優しくできることでしょう（例えば、1口のホットハーブティーやスープなど）。

3月のかかわり

ささやかな瞬間の積み重ねから、他者の存在に感謝する保育という営み

子どもたちにとって、年月や季節によっての区切りはありませんが、保育者にとっては自身の振り返りが必要な1年間のまとめの時期です。また、保護者は4月からの子どもの生活や環境の変化を心配していますので、その不安が子どもに影響し、子どもが不安にならないように配慮をしていきましょう。

おすすめガイドライン・書籍

保育の実践や保護者対応での迷いや確認をするために
以下のガイドラインをご活用ください。
大事なことは、無自覚や知らないままに
実践してしまうことを防ぐことであり、
子ども及び保育者自身の心身の安心・安全を守ることになります。

❶ **成長曲線を描いてみましょう**
　【厚生労働省】
http://www.mhlw.go.jp/shingi/2004/02/dl/s0219-3b.pdf

❷ **「食事バランスガイド」に**
　ついて
　【厚生労働省】
https://www.mhlw.go.jp/bunya/kenkou/eiyou-syokuji.html

❸ **妊産婦のための食生活指針**
　—「健やか親子21」推進検討会報告書—
　【厚生労働省】
https://www.mhlw.go.jp/houdou/2006/02/h0201-3a.html

❹ **授乳・離乳の支援ガイド**
　（2019年改訂版）
　【厚生労働省】
https://www.mhlw.go.jp/stf/newpage_04250.html

❺ **楽しく食べる子どもに**
　〜食から★はじまる★健やかガイド〜
　【厚生労働省】
http://www.mhlw.go.jp/shingi/2004/02/dl/s0219-3a.pdf

❻ **こども食堂と連携した地域に**
　おける食育の推進
　【農林水産省】
http://www.maff.go.jp/j/syokuiku/kodomosyokudo.html

❼ **保育所等における虐待等の**
　防止及び発生時の対応等に
　関するガイドライン
　【こども家庭庁】
https://www.cfa.go.jp/assets/contents/node/basic_page/
field_ref_resources/e4b817c9-5282-4ccc-b0d5-
ce15d7b5018c/13e273c2/20230512_policies_hoiku_3.pdf

❽ **保育所におけるアレルギー**
　対応ガイドライン
　【厚生労働省】
https://www.cfa.go.jp/assets/contents/node/basic_page/
field_ref_resources/4ebf6b5f-efc0-4db1-a5e8-
30dfbe8b074c/440c50f4/20240111_policies_hoiku_allergy-
guideline_02.pdf

❾ **保育所における感染症対策**
　ガイドライン（2018年改訂版）
　（2023（令和5）年5月一部改訂）
　【こども家庭庁】
https://www.cfa.go.jp/assets/contents/node/basic_page/
field_ref_resources/e4b817c9-5282-4ccc-b0d5-ce15d7b5018c/
c60bb9fc/20230720_policies_hoiku_25.pdf

❿ 教育・保育施設等における 事故防止及び事故発生時の 対応のためのガイドライン 【こども家庭庁】

https://www.cfa.go.jp/policies/child-safety/effort/guideline

⓫ 不適切な保育の未然防止及び 発生時の対応についての 手引き 【株式会社キャンサースキャン】

https://cancerscan.jp/wp-content/uploads/2021/06/
dcd34c7b5f61320be9d95ac0c0751157.pdf

⓬ 保育所・認定こども園等に おける 人権擁護のための セルフチェックリスト ～「子どもを尊重する保育」のために～ 【全国保育士会】

https://www.z-hoikushikai.com/about/siryobox/book/
checklist.pdf

⓭ 『「ていねいなまなざし」で みる乳幼児保育』

著 井桁容子（2005）フレーベル館

⓮ 『乳児保育の基本』

編 汐見稔幸 小西行郎 榊原洋一（2007）
フレーベル館

⓯ 『子どもの見方が変わる みんなの育ちの物語』

著 井桁容子（2011）フレーベル館

⓰ 『０・１・２歳児からの ていねいな保育』（全３巻）

監修 汐見稔幸（2018）フレーベル館

⓱ 『最新 保育士養成講座 第7巻 子どもの健康と安全』

編 『最新 保育士養成講座』総括編纂委
員会（2024）
全国社会福祉協議会

⓲ 『子どもって、みごとな人間だ！ ―保育が変わる子どもの見方―』

著 佐伯胖 井桁容子（2021）フレーベル館

⓳ 『最新保育資料集 法制と基本データ』

編 大豆生田啓友 三谷大紀（2022）
ミネルヴァ書房

おわりに

　ここ1、2年、保育のアドバイスや研修会などで「年長児の育ちが幼いんです」という声が保育者や主任・園長先生から多く聞こえてきます。試しにと、講演の会場に「そのような声があちらこちらから聞こえてきますが、皆さんの園はいかがですか？」と投げかけてみると、「うん、うん」とうなずいたり、隣の人と顔を見合わせて「たしかに！」という反応の人が少なくありません。その反応を見るに、どうやら日本全国が似たような状況にあるようで気がかりです。保育者の皆さんに「年長児が幼い」と感じるという状況を具体的に尋ねてみると、「乗ってはいけないような棚に何度言っても乗ってしまう」「感情表現が幼い」「トラブルの内容ややり取りが幼い」というようなことでした。つまり、自己とコミュニケーション力の育ちに問題があるということです。自分を大切に思い、感情を調整したり、自分の気持ちをしぜんに表現できたり、意欲をもって何かに取り組んだりできる自己の育ちや、自分の気持ちを相手に伝えたり、相手の話を聴こうとしたり、どうしたら上手くかかわることができるかと工夫したり考えたりするコミュニケーション力が年長児になっても育っていないということは、どのようなことが考えられるでしょうか。もしかしたら、コロナ禍での大人の対応やかかわりからのストレスも関係しているのかもしれません。

　しかし、批判を覚悟で申せば、人格形成の土台となる0・1・2歳児の保育に問題はなかったか？　と問いたいのです。例えば、保育所保育指針の第1章総則に示されている通り、園で決めた時間に食べさせたり寝かせたりせずに、一人ひとりの生活リズムを大切に、個人差に応じて安心とくつろぎの場としての保育環境を配慮して保育がすすめられたでしょうか？　「園生活に慣れる」ではなく「園で安心できる」ように、一人ひとりへの配慮やかかわりがなされていたでしょうか？

　これまでに全国の様々な保育実践に出合って感じることは、0・1・2歳児の保育の中で、保育者の指示に従い、みんなと同じことができるように早く身につけさせたいと考えて、頑張っている保育者が疲弊しているということです。例えば、0歳児期から子どもが自分のしたい遊びではなく、保育者に注目させる遊びをしたり、保育者

が遊ぶものを決めて与えたり、決められた時間に食べたり眠ったりすることができるような保育になっていないでしょうか。このような「早く子どもを集団としてまとめたい」というかかわりは子どもも保育者も不自然に無理をする保育となり、ゆとりがなくなり、疲れるのです。

　また、0歳児は丁寧にかかわることが大切だから1対1でなければならないという間違った解釈から、明らかに空腹の子どもがそばで泣いている横で平気で1人の子どもだけに食事を与えているという人として切なくなるような光景も何度も目にしました。このようなことをされて次第に泣かなくなることを「園生活に慣れてきた」「生活の見通しが立つようになった」と捉えて良いでしょうか？

　さらには、「子どもの主体性を育む」という言葉が、子育て・保育・教育の世界で流行語のように使われる昨今ですが、「保育者が想定していることを言われないでもできるようになること」を"主体性が育った"と捉える保育者が少なくないという事実もあります。

　このような"保育者の意図を汲み取り上手"になる0・1・2歳児の保育に自分の思いや考えを表現する機会を奪われた結果が、年長児の心の育ちの幼さに関係しているのではないかと気がかりなのです。丁寧さが「先回り」や「過干渉」になってしまわないように、日々の生活の中で子ども一人ひとりの個性・特性と保育者の個性・専門性とが少しずつ重なり合ったり、混ざり合ったり、溶け合ったりしながら、人間らしさ、その人らしさとしての心が育まれていくという子どもと保育者との関係性でありたいものです。年長児までに、自分の気持ちや意思をしまい込んだまま保育者の意図を懸命に読もうとすることが大切なことだと伝えるような0・1・2歳児の保育になっていないか、本書を通して確認していただきたいのです。

　本来、子ども一人ひとりが安心して過ごすことができていれば、0・1・2歳児であっても、子ども同士で互いに友だちを気遣うことができて、時に保育者を助けてくれるようなこともあります。「忙しくて無理！」と思う前に、"急がば回れ"です。ま

ずは子どもを信頼して、どうしたら余裕ができるかを考えてみてください。そのキーワードは一人ひとりが「安心している」ことです。きっと、子どもたちはその信頼を裏切ることはないと確信します。

　何が起こるかわからない時代と言われる今、次々と新しいことが起こるその変化のスピードは、ある科学者が「10万年その姿が変わらなかったカブトムシが数分後に全く別の形になっているほどの変化のスピードだ」と表現するほどです。そして、ＡＩの進化は、人間の想像が及ばない世界まで到達しているので、だれでも専門的な知識を簡単に手に入れることができます。これからは「専門」にこだわるだけでなく、様々な考えや多様な見方ができる人がつながり合いながら思考や感性を拡げていくことが求められます。「子ども」「保護者」「保育者」という固定観念の垣根を取り払って、しぜんにお互いを人として尊重し合えるようなつながりが大切なのです。

　そのためには、丁寧な「対話」が必要なのです。答えを急がずに相手をわかろうとして丁寧にやり取りをしてみてください。そのような姿勢や心がけはたとえ０歳児であっても伝わるものです。そして、今、保育に自信がない、苦しいと感じている方は、「何かを見落としているかもしれない」と思って、周囲を丁寧に見直してみてください。「そういうことか」と気付くことができるものがきっと身近にあると思います。そこに、小さな感動が起こり、ほっこりした気持ちが感謝と温かいまなざしに変換され、対話が生まれます。正解を求めるのではなく、違いを認め合い、補い合える安心と喜びでつながる豊かでしなやかなかかわりの場が保育の実践です。「おもしろい！」「不思議！」「すごい！」の連続の保育は子どもも大人も育ててくれるワクワクの世界です。

井桁容子

著者

井桁容子
（乳幼児教育実践研究家）

乳幼児教育実践研究家。保育SoWラボ代表。非営利団体コドモノミカタ代表理事。東京家政大学ナースリールームで長年、乳幼児の保育と研究に従事。執筆活動や講演、テレビ番組のコメンテーターとしても活躍。著書に『「ていねいなまなざし」でみる乳幼児保育』『0・1・2歳児からのていねいな保育（第2巻・第3巻）』（共にフレーベル館）など多数。

表紙・各章扉イラスト／すがわらけいこ
表紙写真／小西貴士
中面写真／小西貴士（★）　東京家政大学ナースリールーム
校正協力／鷗来堂

本書のPart 1、Part 2、Part 3は、2021年4月号〜2024年3月号『保育ナビ』の連載等の内容を整理して、加筆・修正をしたものです。

保育ナビブック

\ ていねいなまなざしで /

おもしろい！ 不思議！ すごい！ がみえる

乳幼児保育

2024年10月11日　初版第1刷発行

著　者　井桁容子
発行者　吉川隆樹
発行所　株式会社フレーベル館
　　　　〒113-8611　東京都文京区本駒込6-14-9
電　話　営業：03-5395-6613
　　　　編集：03-5395-6604
振　替　00190-2-19640
印刷所　株式会社リーブルテック

表紙・本文デザイン　佐藤春菜